REZEPTE! REZEPTE!! REZEPTE!!!

Beatrix Adolphi (Hrsg.)

Krabben, Garnelen & Co.

Inhalt

Tips zu den Rezepten

Die Portionsangaben
Sofern nicht anders angegeben, sind alle
Rezepte für 4 Personen berechnet.

Die Zubereitungszeiten
Sie beinhalten sowohl die Vorbereitungszeit
als auch die Gar- und Backzeit. Eventuelle
Sonderzeiten, z. B. für das Gehen, Quellen
oder Ruhen, sind gesondert aufgeführt.

Die Kalorienangaben
Sie beziehen sich in der Regel auf 1 Portion
bzw. 1 Stück (z. B. bei Kuchen und Gebäck).

Die Backofentemperaturen
Sie beziehen sich auf einen Elektroofen mit
Ober- und Unterhitze. Wenn Sie mit Umluft
arbeiten, reduzieren Sie die Temperaturen um
20 %. Die Backzeit bleibt dann in etwa gleich.

Die Zutatenmengen
Sie beziehen sich auf die ungeputzte Roh-
ware. Sind Stückzahlen angegeben, wird von
einem Stück mittlerer Größe ausgegangen.

Die Abkürzungen

TL	= Teelöffel	TK-…	= Tiefkühl-…
EL	= Eßlöffel	kcal	= Kilokalorien
Msp.	= Messer- spitze	ø	= Durch- messer
Pr.	= Prise	Min.	= Minute(n)
P.	= Päckchen	Std.	= Stunde(n)

Krabben, Garnelen & Co. – ein kleiner Überblick

Krabben

Mit diesem Begriff werden fälschlicherweise oft Garnelen bezeichnet. Es gibt jedoch auch echte Krabben. Ihre charakteristischen Merkmale sind ein gedrungenes Kopf-Brust-Stück und ein stark zurückgebildeter Hinterleib, der als flache, kurze und gleichmäßig segmentierte Schwanzplatte fest unter das Bruststück geklappt ist.
In der Küche werden hauptsächlich das Fleisch von Scheren, Beinen und Brustteil sowie die Leber und die Eierstöcke verwendet.

Garnelen

Garnelen sind in zahlreichen Formen in allen Weltmeeren beheimatet. Die handelsüblichen Bezeichnungen „Prawns" oder „Shrimps" beziehen sich auf eine (international uneinheitliche) Einteilung nach der Größe: So werden bei uns z. B. unter dem Namen „Shrimps" diejenigen Garnelen gehandelt, von denen über 200 Stück 1 Kilogramm Gewicht ergeben – zumeist sind dies Tiefseegarnelen.

Nordseekrabbe oder -garnele

Die durchschnittlich etwa 5 bis 7 cm langen Garnelen, die zu Unrecht als Krabben bezeichnet werden, haben einen grau-rötlich gefärbten, durchscheinenden Körper mit 2 langen geraden Fühlern.

Die nachtaktiven, auch Shrimps genannten Tiere werden etwa 3 Jahre alt und kommen nur im deutschen, holländischen und dänischen Wattenmeer der Nordseeküste vor. Ihr Fleisch ist ausgesprochen aromatisch.

Tiefsee- oder Grönlandgarnele

Die im europäischen Nordmeer lebende Garnelenart (auch Crevetten genannt) wird bis zu 16 cm lang und hat einen rosafarbigen Panzer. Häufig werden die köstlich schmeckenden Tiere gekocht und/oder tiefgefroren angeboten. Die Verarbeitung erfolgt bereits direkt nach dem Fang auf den Schiffen, so daß optimale Frische gewährleistet ist.

Riesengarnele

Riesengarnele bzw. Giant, Tiger oder King Prawn ist die Bezeichnung für verschiedene, sehr große Garnelenarten bis zu 40 cm Länge aus hauptsächlich subtropischen und tropischen Gewässern. Bei uns werden vor allem die tiefgefrorenen Schwänze angeboten.

Kaisergranat oder Scampo

Der mit dem Hummer verwandte Kaisergranat oder Tiefseekrebs, bekannter unter seinem italienischen Namen Scampo (Plural: Scampi), ist an seinen schlanken, kantigen

Scheren und dem hell- bis ziegelroten Panzer zu erkennen. Der Lebensraum des häufig mit Riesengarnelen verwechselten, bis zu 25 cm langen Tiers reicht von den Küsten Skandinaviens bis in die Adria. Häufig werden nur die Schwänze gekocht und/oder tiefgefroren angeboten.

Hummer

Man unterscheidet zwischen dem amerikanischen und dem europäischen Hummer: Beide Sorten sehen sich sehr ähnlich, können jedoch durchaus unterschieden werden. Der europäische Hummer ist etwas schlanker, sein Panzer ist meist schwarz, die Unterseite gelblich bis hellbraun gefärbt und die Seitenpartien sind gesprenkelt. Gekocht ist er dunkelrot gefärbt. Sein Fleisch schmeckt etwas süßlicher als das des amerikanischen Hummers, der rötlich-braun gefärbt und an den Seiten nicht gesprenkelt ist. Seine Unterseite ist hellrot.
Hummer sind nach 5 bis 6 Jahren etwa 30 cm lang und rund 400 g schwer. Als besondere Delikatesse gilt der dunkle, im
Kopfteil des Panzers
liegende
Corail

(die Eierstöcke) des Weibchens. Dieser dient zur Herstellung der Corailbutter, die Saucen ein feines Aroma und eine appetitliche zartrosa Farbe verleiht.

Languste

Die Languste sieht dem Hummer sehr ähnlich, hat aber im Gegensatz zu diesem 2 sehr lange Fühler und Stacheln an den Bauchsegmenten. Langusten haben keine Scheren, dafür aber ein scharfes Mundwerkzeug, mit dem sie sogar Muscheln öffnen können.
Ab einem Alter von etwa 5 Jahren fängt man Langusten. Sie werden bis zu 60 cm lang und bis zu 5 kg schwer.

Langostino

Als Langostinos bezeichnet man 2 Furchenkrebsarten, die vor allem im südöstlichen Pazifik beheimatet sind. Die nachtaktiven Tiere werden bis zu 25 cm lang. Bei uns sind die gekochten Schwänze als TK-Ware erhältlich, die fälschlicherweise oft unter der Bezeichnung "Scampi" angeboten werden.

Flußkrebs

Dieser Süßwasserkrebs schmeckt am besten in den Monaten ohne "r". Krebse dürfen nur lebend oder als Konserve angeboten werden. Lebende Krebse bleiben in der richtigen Verpackung, in Weiden- oder Spankörbchen, die mit Moos oder Holzwolle ausgekleidet sind, auch ohne Wasser zwei Tage am Leben.

Grundzubereitungstechniken

Riesengarnelen ausbrechen

1. Die Krusten mit beiden Händen an der Unterseite anfassen und auseinanderziehen (Abbildung 1).
2. Das Fleisch vorsichtig aus den Krusten herausnehmen. Mit einem scharfen Küchenmesser den Rücken einschneiden und den dunklen Darm entfernen (Abbildung 2).
Bei Riesengarnelen sollte man die Krusten nur entfernen, wenn das Fleisch für eine Farce benötigt wird oder das Rezept die Zubereitung ohne Krusten zwingend vorschreibt. Denn in der Kruste gegart, ob gekocht, gegrillt oder gebraten, bleibt das Fleisch saftiger und zarter.

Flußkrebse ausnehmen

1. Den Schwanz des gekochten Krebses mit einer drehenden Bewegung lösen.
2. Die Schwanzflossen vom Körper drehen und den Darm vorsichtig aus dem Schwanzfleisch ziehen (Abbildung 3).
3. Das Schwanzfleisch vorsichtig auslösen, dabei den Panzer so aufbiegen, daß die dünnere Unterseite aufbricht (Abbildung 4).
4. Die Scheren abdrehen, das Fleisch herauslösen.

Hummer zerlegen

1. Den Hummer immer in Salzwasser kochen. Ihn dabei kopfüber in die kochende Flüssigkeit geben, darin kochen und anschließend ziehen lassen. Einen 500 g schweren Hummer kocht man etwa 5 Minuten und läßt ihn 10 Minuten ziehen. Ein Hummer von 1 kg wird 15 Minuten gekocht und zieht 20 Minuten.

2. Nach dem Kochen die Scheren dicht am Körper abdrehen. Kopf und Schwanz mit einem schweren Messer der Länge nach halbieren (Abbildung 1).

3. Die grünlichen Teile mit einem Löffel vorsichtig herausnehmen und beiseite stellen. Die nicht eßbaren Teile, die direkt hinter den Augen liegen, entfernen (Abbildung 2).

4. Die zwei Glieder unterhalb der Schere durch eine Drehung lösen (Abbildung 3).

5. Die Scheren selbst an beiden Seiten anschlagen. Die dickere Seite mit der Messerschneide, die flache Seite mit dem Messerrücken anschlagen, so daß ein Sprung entsteht (Abbildung 4).

6. Bei Tisch wird das Hummerfleisch ausgelöst. Das Fleisch in den Beinen löst man mit einer Hummergabel heraus.

Langusten werden auf dieselbe Art gekocht und zubereitet wie Hummer.

Schätze des Meeres

Ob als Vorspeise oder Hauptmahlzeit – mit etwas Phantasie und den geeigneten Rezepten können Sie aus den Meerestieren echte Delikatessen zaubern.

Kreolischer Salat

knackig

- *Für 4 Personen*
- *Zubereitung: ca. 40 Min.*
- *ca. 390 kcal je Portion*

ZUTATEN

**je 1 Kopf Radicchio, Lollo
  Rossa, 1 Kolben Chicorée
3 bunte Paprikaschoten
1 Papaya
40 g Mandelblättchen
2 Schalotten
10 EL Essig
2 TL Senf
8 EL Mandelöl
Salz, schwarzer Pfeffer
2 Frühlingszwiebeln
300 g in Lake eingelegte
  Tiefseegarnelen**

1. Den Backofen auf 200 °C vorheizen. Den Radicchio und den Lollo Rossa putzen, waschen und mundgerecht zerkleinern. Den ganzen Salat trockenschleudern. Den bitteren Strunk keilförmig aus dem Chicorée herausschneiden. Die Blätter einzeln waschen und trockentupfen.

2. Die Paprikaschoten waschen, trockenreiben, entkernen und würfeln, die Papaya schälen, mit einem Löffel entkernen und ebenfalls würfeln. Die Mandeln auf einem Backblech im Backofen auf der mittleren Einschubleiste 2 bis 3 Minuten hellbraun rösten.

3. Die Schalotten schälen, fein hacken und zusammen mit dem Essig, dem Senf und dem Öl gut verrühren, das Ganze salzen und pfeffern. Die Frühlingszwiebeln putzen, waschen, trockentupfen und in feine Ringe schneiden. Diese unter die Marinade rühren. Die Garnelen abtropfen lassen, zusammen mit den Papaya- und den Paprikawürfeln dazugeben. Nun die Blätter vom Radicchio und Lollo Rossa untermischen.

4. Die Chicoréeblätter auf 4 Tellern auslegen, den Salat darauf anrichten und mit den Mandeln bestreuen.

Garnelen-Melonen-Salat

- *Für 4 Personen*
- *Zubereitung: ca. 45 Min.*
- *ca. 480 kcal je Portion*

ZUTATEN

2 reife Netzmelonen
1 großer Kopf Radicchio
250 g Tomaten
1 frisches Eigelb
2 EL Weißweinessig
^{1}/$_2$ TL mittelscharfer Senf
10 EL Sonnenblumenöl
100 g Joghurt
2 EL Ketchup
1 EL Cognac
Salz, 1 Msp. Cayennepfeffer
1 Bund Estragon
**500 g Riesengarnelen-
  schwänze**

1. Die Melonen halbieren und entkernen. Aus dem Fruchtfleisch Kugeln ausstechen, das restliche Fleisch auskratzen, hacken und in die Schalen geben. Den Radicchio in einzelne Blätter zerteilen. Diese putzen, waschen, trockentupfen. Die Hälfte der Blätter kleinschneiden und in die Melonen verteilen, die ganzen Blätter an die Schalenränder legen. Tomaten blanchieren, abschrecken, enthäuten, entkernen und achteln.

2. Eigelb, Essig und Senf miteinander verrühren. Das Öl nach und nach darunterschlagen. Joghurt, Ketchup und Cognac unterrühren und alles mit Salz und Cayennepfeffer abschmecken.

3. Den Estragon waschen. ^{3}/$_4$ der Blätter fein hacken, in Salzwasser mit den Stielen aufkochen. Den restlichen Estragon beiseite stellen. Die Garnelen abspülen und etwa 3 Minuten im Estragonsud pochieren. Sie schälen, entdärmen (S. 6), waschen und trockentupfen. 4 Schwänze längs halbieren, die anderen dritteln und mit allen Zutaten vermischen. Die Tomaten und Garnelen mit der Sauce in die Melonen füllen, mit den Garnelenhälften und dem restlichen Estragon garnieren.

Fruchtiger Weißkohlsalat mit Garnelen

- *Für 4 Personen*
- *Zubereitung ca. 45 Min.*
- *ca. 410 kcal je Portion*
- *Dazu paßt Baguette*

Z U T A T E N

500 g Weißkohl

1 rosa Grapefruit

2 Kiwis

100 g Kirschtomaten

3 EL Sherryessig

1 TL Currypulver

1 Pr. Piment

6 EL Salatöl, z. B. von Livio

Salz

schwarzer Pfeffer

12 Tiefseegarnelen

Saft von 1/2 Zitrone

1/2 Bund Basilikum

1 EL Butter

100 g feingehackte, getrocknete Datteln

1. Den Kohl von den äußeren Blättern befreien, vierteln und den Strunk entfernen. Den Kohl in sehr feine Streifen schneiden. Die Grapefruit schälen und die Filets von der weißen Haut befreien. Die Kiwis schälen. Grapefruit und Kiwi kleinschneiden. Die Tomaten waschen, trockentupfen, halbieren und von den Stielansätzen befreien. Alles zusammen in eine Schüssel geben.

2. Essig, Currypulver, Piment und Öl in eine Schüssel geben, alles miteinander verrühren und mit Salz und Pfeffer abschmecken. Weißkohlstreifen sowie Frucht- und Tomatenstücke in die Marinade geben und alles miteinander vermischen. Den Salat auf einer Platte oder auf 4 Tellern anrichten.

3. Die Garnelen schälen und von den dunklen Darmfäden befreien (S. 6). Das Garnelenfleisch abspülen, trockentupfen, mit Salz und Pfeffer würzen und mit Zitronensaft beträufeln. Das Basilikum waschen und trockentupfen. Die Blätter abzupfen und in feine Streifen schneiden.

4. Die Butter in einer Pfanne erhitzen. Die Garnelen darin anbraten, die Datteln zufügen und alles mit Basilikum bestreuen. Das Ganze auf dem Salat verteilen und diesen sofort servieren.

P I M E N T

Als Piment (Jamaika-Pfeffer, Nelken-Pfeffer, Gewürzkörner, Neugewürz, englisches Gewürz) bezeichnet man das Gewürz aus den Beeren des tropischen Pimentbaumes, der auf Jamaika sowie in Costa Rica und Venezuela wächst. Die Beeren werden grün gepflückt und in der Sonne getrocknet, bis sie dunkelrot sind. Hinsichtlich des Aromas und Geschmacks erinnern sie an eine Mischung aus Nelken, Zimt und Muskat. Piment ist Bestandteil vieler Gewürzmischungen und wird vorwiegend als Back- und Wurstgewürz verwendet. Piment ist in Form von Körnern oder gemahlen erhältlich. Zwei mit einer Gabel zerdrückte Pimentkörner besitzen die gleiche Würzkraft wie etwa zwanzig unzerdrückte.

Bohnensalat mit Scampischwänzen

- *Für 4 Personen*
- *Zubereitung ca. 25 Min.*
- *ca. 300 kcal je Portion*
- *Dazu paßt Weißbrot mit Knoblauchbutter*

ZUTATEN

400 g frische Prinzeß- oder Keniabohnen

Salz

2 Schalotten

6-8 Stengel Brunnenkresse

1/2 Kopf Lollo Rossa

3 EL Rotwein- oder Sherryessig

5-6 EL Traubenkernöl oder kaltgepreßtes Olivenöl

schwarzer Pfeffer

12 gekochte Scampi

3 EL Butter

2 EL Sherry Fino

1 Pr. Cayennepfeffer

1. Die Bohnen putzen, waschen und in reichlich Salzwasser 4 bis 6 Minuten knackig garen. Die gekochten Bohnen abgießen und in Eiswasser abschrecken, damit sie ihre frische grüne Farbe behalten. Sie anschließend gut abtropfen lassen.

2. Die Schalotten schälen und sehr fein würfeln. Die Brunnenkresse putzen, waschen und trockentupfen. Den Lollo Rossa mundgerecht zerteilen, waschen und trockenschleudern. Die Brunnenkresse und den Salat zusammen mit den Bohnen dekorativ auf 4 Tellern anrichten. Das Ganze mit einigen Schalottenwürfeln bestreuen, die restlichen Schalottenwürfel beiseite stellen.

3. Für die Marinade den Rotwein- oder Sherryessig und das Traubenkern- oder Olivenöl in einer Schüssel miteinander verrühren, das Ganze mit Salz und Pfeffer würzen. Die Marinade über den Salat geben.

4. Die Scampi in einem Sieb unter fließend kaltem Wasser abspülen und abtropfen lassen. Die Schwänze abdrehen und das Fleisch herauslösen.

4 schöne Kopfteile säubern, gut abspülen und beiseite stellen. Die Scampi entdärmen, das Fleisch waschen und trockentupfen.

5. Die Butter in einer Pfanne aufschäumen lassen und die restlichen Schalottenwürfel darin glasig dünsten. Das Scampifleisch hinzufügen und einmal durchschwenken. Dann den Sherry angießen und alles noch einmal aufkochen lassen. Das Ganze mit Salz würzen.

6. Die Scampischwänze in der Mitte des Salattellers als kleinen Berg aufschichten und mit etwas Cayennepfeffer würzen. Den Salat vor dem Servieren mit den 4 Kopfteilen garnieren.

- *Dieses Gericht ist noch unkomplizierter zuzubereiten, wenn Sie statt frischer Bohnen TK-Ware verwenden.*

Erbsen-Reis-Salat mit Krabben

- *Für 4 Personen*
- *Zubereitung: ca. 45 Min.*
- *ca. 500 kcal je Portion*
- *Dazu paßt Schwarzbrot*

ZUTATEN

200 g Reis

Salz

300 g TK-Erbsen Extra Zart,
** z. B. von Bonduelle**

1 Bund Schnittlauch

1 mittelgroßer Apfel

200 g gekochte, geschälte
** Nordseekrabben**

250 g süße Sahne

2-3 TL Meerrettich

2 EL Zitronensaft

schwarzer Pfeffer

Zucker

1. Den Reis in einem Sieb unter fließend kaltem Wasser so lange spülen, bis das Wasser klar abläuft. Ihn in Salzwasser geben, aufkochen und bei geringer Hitze etwa 20 Minuten quellen lassen.

2. Die Erbsen nach Packungsanleitung zubereiten. Den Schnittlauch waschen, trockentupfen und in etwa 3 cm lange Röllchen schneiden. Davon 1 Eßlöffel für die Garnitur beiseite legen. Apfel schälen, vierteln, vom Kerngehäuse befreien und stifteln. Die Krabben abspülen und gut abtropfen lassen. Den fertig gegarten Reis vom Herd nehmen und gut abtropfen lassen.

3. Für die Sauce die Sahne zusammen mit dem Meerrettich und dem Zitronensaft leicht schaumig verrühren. Das Ganze mit Salz, Pfeffer und Zucker abschmecken.

4. Krabben, Apfelstücke, Erbsen, Reis und Schnittlauch miteinander vermischen. Die Meerrettichsauce darübergeben und alles vorsichtig umrühren. Den Salat auf 4 Teller verteilen und mit den restlichen Schnittlauchröllchen garnieren.

(auf dem Foto)

Bunter Salat mit Garnelen

■ *Für 4 Personen*

■ *Zubereitung: ca. 20 Min.*

■ *ca. 510 kcal je Portion*

Z U T A T E N

1 große Fleischtomate

¹/₂ **Gemüsezwiebel**

85 g schwarze Oliven
  aus der Dose

240 g Artischockenherzen
  aus der Dose

¹/₂ **Kopf Römersalat**

5 EL Balsamicoessig

Zucker

Salz

schwarzer Pfeffer

5 EL kaltgepreßtes Olivenöl

1 Knoblauchzehe

6 Riesengarnelen

1. Die Tomate waschen, trockentupfen, halbieren, vom Stielansatz befreien und achteln. Die Zwiebel schälen und in Spalten schneiden. Die Oliven und die Artischockenherzen abtropfen lassen. Den Salat putzen, waschen und mundgerecht zerteilen. Alles auf einer Platte anrichten.

2. Für die Marinade den Essig zusammen mit Zucker, Salz und Pfeffer verrühren, dann 3 Eßlöffel Olivenöl darunterschlagen. Die Marinade über den Salat geben und durchziehen lassen.

3. Den Knoblauch schälen und in dünne Scheiben schneiden. Das restliche Oli-venöl in einer Pfanne erhitzen. Die Garnelen ausbrechen, entdärmen (S. 6), waschen und trockentupfen. Den Knoblauch zusammen mit den Garnelen in das heiße Olivenöl geben. Die Garnelen von jeder Seite etwa 3 Minuten braten. Den Salat auf 4 Teller verteilen. Die Garnelen und die Knoblauchscheiben darauf verteilen.

TIP

■ *Garnieren Sie den Salat mit den Spalten einer unbehandelten Zitrone.*

Avocadosalat mit Garnelen

- *Für 4 Personen*
- *Zubereitung: ca. 15 Min.*
- *ca. 450 kcal je Portion*
- *Dazu paßt Fladenbrot*

ZUTATEN

2 mittelgroße Avocados
Saft von 1 Zitrone
100 g Feldsalat
50 g Alfalfasprossen
8 EL Öl, z. B. von Livio
3 EL Weißweinessig
¹/₄ TL Honig
Salz
weißer Pfeffer
2 kleine Tomaten
**400 g geschälte Tiefsee-
   garnelen**

1. Die Avocados halbieren, entsteinen, schälen und in Spalten schneiden. Diese mit Zitronensaft beträufeln, damit sie nicht braun werden. Den Feldsalat und die Alfalfasprossen putzen, waschen und abtropfen lassen.

2. 6 Eßlöffel Öl zusammen mit Essig und Honig verrühren, mit Salz und Pfeffer abschmecken. Die Tomaten waschen, trockentupfen und fein würfeln. Sie dabei von den Stielansätzen befreien und entkernen. Die Tomaten in die Marinade geben.

3. Die Garnelen entdärmen (S. 6), waschen und trockentupfen. Das restliche Öl in ei-

ner Pfanne erhitzen. Die Garnelen unter häufigem Wenden etwa 3 Minuten braten. Die Avocados zusammen mit Feldsalat und Sprossen auf 4 Tellern anrichten. Die noch warmen Garnelen darauf geben und mit der Marinade beträufeln.

- *Die leicht nussig schmeckenden Alfalfasprossen bekommt man in Feinkostläden oder in gut sortierten Lebensmittelabteilungen von Kaufhäusern.*

17

Scampi auf Endivien-Mango-Salat

- *Für 4 Personen*
- *Zubereitung: ca. 30 Min.
  (plus ca. 30 Min. zum Durchziehen)*
- *ca. 220 kcal je Portion*
- *Dazu paßt Baguette*

Z U T A T E N

50 g Weintrauben

3 EL Weißwein

1/2 Kopf Endiviensalat

50 g Rucola

1 Avocado

2 EL Zitronensaft

2 Mangos

2 Schalotten

4 EL Sherryessig

Salz

schwarzer Pfeffer

5 EL Öl, z. B. von Livio

8 gekochte Scampischwänze (400 g)

einige Brunnenkresseblüten

1. Die Weintrauben mit dem Weißwein beträufeln und etwa 30 Minuten ziehen lassen.

2. Inzwischen Endiviensalat und Rucola putzen, waschen und mundgerecht zerkleinern. Den Salat trockenschleudern.

3. Die Avocado halbieren, entsteinen, schälen und in Würfel schneiden. Diese mit Zitronensaft beträufeln, damit sie nicht braun werden.

4. Die Weintrauben abtropfen lassen. Die Mangos schälen und kleinschneiden. Weintrauben, Avocadowürfel und Mangostücke miteinander vermischen. Das Ganze zusammen mit Endiviensalat und Rucola auf 4 Tellern anrichten.

5. Für die Marinade die Schalotten schälen und fein hakken. Den Essig zusammen mit etwas Salz und Pfeffer verrühren. Das Öl darunterschlagen und die Schalottenstückchen unterrühren. Die Marinade über den angerichteten Salat träufeln.

6. Die Scampischwänze vorsichtig aus den Schalen lösen und die dunklen Darmfäden

entfernen. Sie waschen, abtupfen und auf die Salatteller verteilen. Vor dem Servieren die Salate mit Brunnenkresseblüten garnieren.

M A N G O

Mangos sind die Steinfrüchte des ursprünglich in Indien beheimateten, in vielen Sorten vorkommenden Mangobaumes, der heute wohl in den gesamten Tropen angebaut wird. Die birnenförmigen Früchte variieren in der Farbe von gelb bis rot und haben ein saftiges, gelb- oder orangefarbenes Fruchtfleisch, das mit dem Kern fest verwachsen ist. Zum Verzehr wird die lederartige Haut der Frucht vorsichtig abgeschält, mit einem Messer schneidet man das Fruchtfleisch vom Kern. Pürieren Sie sehr faseriges Fruchtfleisch. Streichen Sie es dann durch ein Sieb.

Reis-Garnelen-Bällchen

gut vorzubereiten

- *Für 4 Personen*
- *Zubereitung: ca. 1 Std.*
- *ca. 230 kcal je Portion*
- *Dazu paßt grüner Salat*

ZUTATEN

250 g Klebreis (ersatzweise Rundkornreis)

75 g geschälte Tiefsee-garnelen

1 kleine Frühlingszwiebel

ca. 1 cm lange Ingwer-wurzel

4 EL Fischsauce (Fertig-produkt)

1 EL Öl

1. Den Reis in einem Sieb so lange mit fließend kaltem Wasser abspülen, bis es klar abläuft. Ihn zusammen mit 350 ml Wasser in einem Topf aufkochen und zugedeckt bei geringer Hitze etwa 20 Minuten quellen lassen. Ihn dabei weder abdecken noch umrühren. Den Reis vom Herd nehmen und lauwarm abkühlen lassen.

2. Die Garnelen kalt abspülen und gut abtropfen lassen. Sie entdärmen (S. 6) und grob zerkleinern. Die Frühlingszwiebel putzen, waschen, trockentupfen und zusammen mit dem Grün fein hacken. Den Ingwer schälen und fein reiben.

3. Die Garnelen zusammen mit den Frühlingszwiebeln in eine Schüssel geben, mit Ingwer und Fischsauce würzen. Jeweils etwa 2 Eßlöffel Reis abstechen und mit einem Löffel zu runden, flachen Fladen formen. In deren Mitte jeweils etwas Garnelenfüllung geben, diese mit Reis umhüllen und Bällchen von etwa 5 cm Durchmesser formen. Diese fest zusammendrücken.

4. Einen Dämpfaufsatz aus Metall mit Öl auspinseln. Die Reisbällchen hineinlegen. 200 ml Wasser in eine Pfanne füllen und aufkochen. Den Dämpfaufsatz auflegen und die Reisbällchen bei schwacher Hitze etwa 15 Minuten dämpfen. Dabei darauf achten, daß das Wasser niemals zu stark kocht, da die Bällchen sonst auseinanderfallen. Sie danach aus dem Dämpfaufsatz oder -korb nehmen und sofort servieren.

(auf dem Foto)

TIP

- *Reichen Sie zu den Reis-Garnelen-Bällchen eine scharfe Fischsauce. Schälen Sie ein etwa 1 cm langes Stück von einer Ingwerwurzel sowie 2 Knoblauchzehen, und hacken Sie alles sehr fein. Waschen Sie 4 kleine grüne Chilischoten, schneiden sie der Länge nach auf, entkernen sie und hacken sie möglichst fein. Verrühren Sie die Knoblauch-, Ingwer- und Chilischotenstücke in einer Schüssel zusammen mit 6 Eßlöffeln Fischsauce sowie 5 Eßlöffeln Limettensaft.*

Garnelenkugeln

- *Für 4 Personen*
- *Zubereitung: ca. 30 Min.*
- *ca. 680 kcal je Portion*

ZUTATEN

400 g Tiefseegarnelen
50 g Brunnenkresse
100 g durchwachsenes
  Schweinefleisch
1 Ei
1-2 EL Sherry
2 EL Austernsauce
Salz
1 TL Zucker
evtl. 1 Pr. Glutamat
4 EL Stärkemehl
1 kg Kokosfett

1. Die Garnelen ausbrechen und die dunklen Darmfäden entfernen (S. 6). Die Garnelen waschen und trockentupfen.

2. Die Brunnenkresse waschen und trockentupfen. Anschließend das Garnelenfleisch, das Schweinefleisch und die Brunnenkresse sehr fein hacken oder durch die feine Scheibe eines Fleischwolfs drehen. Das Ganze in eine Schüssel geben.

3. Die Garnelen-Schweinefleisch-Mischung zusammen mit dem Ei, dem Sherry und der Austernsauce zu einer gleichmäßigen Masse verarbeiten. Diese mit etwas Salz, Zucker sowie eventuell etwas Glutamat abschmecken und mit dem Stärkemehl binden.

4. Das Fett in einem Topf erhitzen. Aus dem Teig kleine Röllchen formen und diese im schwimmenden Fett je nach Größe einige Minuten knusprig ausbacken.

- *Reichen Sie dazu eine scharfe Fischsauce (Rezept S. 20)*

Fruchtiger Sprossencocktail

- *Für 4 Personen*
- *Zubereitung: ca. 20 Min.*
- *ca. 520 kcal je Portion*
- *Dazu paßt getoastetes Weißbrot*

Z U T A T E N

20 Riesengarnelen

Salz

weißer Pfeffer

5 EL Butter

5 EL Weißwein

350 g gemischte Sprossen (z.B. Alfalfasprossen, Mungobohnensprossen, Linsensprossen)

3 Orangen

3 rosa Grapefruits

250 ml Cocktailsauce (Fertigprodukt, z. B. von Thomy)

1 Kopf Lollo Bionda

1. Die Riesengarnelen ausbrechen und das Fleisch vorsichtig aus den Krusten herauslösen. Mit einem scharfen Küchenmesser die dunklen Darmfäden entfernen (S.6). Die Riesengarnelen waschen, trockentupfen und mit Salz und Pfeffer würzen.

2. Die Butter in einen Topf geben und erhitzen. Die Riesengarnelen dazugeben und in der heißen Butter kurz anbraten. Das Ganze mit dem Weißwein ablöschen und im geschlossenen Topf 2 bis 3 Minuten garen. Dann den Topf vom Herd nehmen und die Riesengarnelen darin erkalten lassen.

3. Die Sprossen unter fließendem Wasser gründlich waschen und abtropfen lassen. Die Orangen und die Grapefruits schälen, von der weißen Haut befreien und in die Filets zerteilen.

4. Die Sprossen zusammen mit den Obstfilets und den Riesengarnelen in eine Schüssel geben und das Ganze mit der Cocktail-Sauce vermengen.

5. Den Lollo Bionda putzen und waschen. Ihn mundgerecht zerteilen und trockenschleudern. Den Salat in Portionsschälchen anrichten und den Riesengarnelen-Sprossen-Cocktail darauf verteilen.

GRAPEFRUIT

Grapefruits, die großen runden Zitrusfrüchte, sind eine Kreuzung zwischen Apfelsine und Pampelmuse, die erstmals um 1750 auf Puerto Rico gelang. Grapefruits sind kleiner, dünnschaliger und süßer als Pampelmusen. Sie haben ein saftiges, gelbes bis rotes Fruchtfleisch, schmekken sehr aromatisch und enthalten viel Vitamin C. Die meisten Grapefruits werden in den USA geerntet. Zu uns kommen die Früchte hauptsächlich aus Südeuropa, Israel und Afrika. Sie werden gern mit etwas Zucker zum Frühstück gegessen.

Scampi-Krustaten

fein

- *Für 4 Personen*
- *Zubereitung: ca. 45 Min.*
  (plus ca. 1 Std. Ruhezeit)
- *ca. 470 kcal je Portion*
- *Dazu paßt Feldsalat*

ZUTATEN

Für den Teig

150 g Mehl

75 g Butter

1 Ei

1 Pr. Salz

getr. Erbsen zum Blind-
  backen

Für die Füllung

8 frische Scampi

3 EL kaltgepreßtes Olivenöl

100 g gekochte, geschälte
  Nordseekrabben

1 Knoblauchzehe

2 EL gehackte glatte Peter-
  silie

1 TL Zitronensaft

weißer Pfeffer

Außerdem

Mehl für die Arbeitsfläche

1 EL Butter für die Förm-
  chen

1. Das Mehl auf die Arbeitsfläche sieben, in die Mitte des Häufchens eine Mulde drükken. Die kalte Butter in kleine Stücke schneiden und mit dem Ei sowie etwas Salz in die Mulde geben. Das Ganze rasch zu einem glatten Teig kneten, wenn nötig 1 bis 2 Eßlöffel Wasser dazugeben. Den Teig zu einer Kugel formen, in Folie wickeln und mindestens 1 Stunde im Kühlschrank kalt stellen.

2. Dann den Backofen auf 200 °C vorheizen. Den Teig auf einer bemehlten Arbeitsfläche etwa 3 mm dick ausrollen. Die Backförmchen (10 cm ø) mit Butter ausfetten. Aus dem Teig 4 runde Platten von etwa 13 cm Durchmesser ausstechen. Diese vorsichtig in die Förmchen legen, damit der Teig nicht reißt. Die Ränder fest andrücken, den überstehenden Teig glatt abschneiden.

3. Pergamentpapier oder Alufolie in jedem Förmchen auf dem Teigboden auslegen. Dann die Erbsen zum Blindbacken so einfüllen, daß der Boden gut bedeckt ist.

4. Die Törtchen etwa 12 Minuten im heißen Ofen backen, sie dann herausnehmen und in den Förmchen auskühlen lassen. Die Erbsen ausschütten und die Alufolie oder das Pergamentpapier entfernen. Die erkalteten Törtchen herausnehmen.

5. Die Scampi ausbrechen und entdärmen. 1 Eßlöffel Öl in einer Pfanne erhitzen und die Scampi darin scharf anbraten. Sie dann bei milder Hitze auf jeder Seite jeweils 5 Minuten garen, anschließend herausnehmen und abkühlen lassen. Die Krabben waschen und trockentupfen.

6. Den Knoblauch schälen und sehr fein hacken. Die Scampi und die Krabben in kleine Würfel schneiden und zusammen mit 2 Eßlöffeln Öl, Knoblauch und Petersilie gut vermischen. Das Ganze mit Zitronensaft und Pfeffer abschmecken. Die Mischung kurz vor dem Servieren in die Törtchen füllen.

(auf dem Foto)

Blätterteigtaschen mit Krabbenfüllung

- *Für 4 Personen*
- *Zubereitung: ca. 45 Min.*
- *ca. 560 kcal je Portion*
- *Dazu paßt gemischter Salat*

ZUTATEN

300 g TK-Blätterteig
200 g Nordseekrabben
100 g Spargel (aus dem
   Glas oder der Dose)
50 g gehackte Mandeln
150 g Frischkäse mit
   Kräutern der Provence
1 EL Semmelbrösel
Salz, schwarzer Pfeffer
1 EL gehackter Dill
1 Eigelb

1. Den Blätterteig nach Packungsanleitung auftauen, ausrollen und in etwa 15 cm große Quadrate schneiden.

2. Das Krabbenfleisch herauslösen und die dunklen Darmfäden entfernen. Das Fleisch kalt waschen und trockentupfen. Den Spargel abtropfen lassen und in 2 bis 3 cm lange Stücke schneiden.

3. Den Backofen auf 200 °C vorheizen. Die Krabben zusammen mit den Spargelstücken, Mandeln, Frischkäse und Semmelbröseln vorsichtig vermischen, das Ganze mit Salz, Pfeffer und Dill würzen.

4. Die Krabben-Spargel-Masse mit einem Löffel jeweils auf die Mitte der Teigquadrate geben. Die Teigränder mit Wasser bestreichen und die Quadrate zu Dreiecken zusammenklappen, dabei jeweils den Rand gut andrücken. Die Teigtaschen auf ein Backblech legen.

5. Das Eigelb verquirlen und die Teigtaschen damit bestreichen. Diese im Backofen auf mittlerer Einschubleiste etwa 20 Minuten backen.

Puffer-Krabben-Snack

- *Für 4 Personen*
- *Zubereitung: ca. 30 Min.*
- *ca. 600 kcal je Portion*
- *Dazu paßt Tomatensalat*

Z U T A T E N

600 g TK-Kartoffelpuffer,
  z. B. von McCain
1 Zwiebel
2 Tomaten
200 g mittelalter Havarti
200 g Nordseekrabben
150 g Crème fraîche
2 EL gehackter Dill
Salz
schwarzer Pfeffer

1. Die Kartoffelpuffer nach Packungsanweisung im Backofen zubereiten.

2. Die Zwiebel schälen und fein würfeln. Die Tomaten über Kreuz einritzen, kurz überbrühen, abschrecken und enthäuten. Sie von den Stielansätzen befreien, entkernen und würfeln. Den Havarti ebenfalls fein würfeln. Den Backofen auf 200 °C vorheizen.

3. Das Krabbenfleisch herauslösen. Die dunklen Darmfäden entfernen, das Fleisch waschen und trockentupfen. Das Krabbenfleisch zusammen mit Zwiebeln, Tomaten, Käse, Crème fraîche und Dill

vermischen, mit Salz und Pfeffer abschmecken. Die Mischung gleichmäßig auf die Puffer verteilen. Diese im Backofen auf mittlerer Einschubleiste etwa 10 Minuten überbacken.

- *Den säuerlich pikant schmeckenden dänischen Schnittkäse Havarti gibt es mit 45 % oder 60 % Fett i. Tr. Wählen Sie für diesen Snack besser die leichtere Variante, da im Rezept auch Crème fraîche vorgesehen ist – die Puffer liegen sonst zu schwer im Magen.*

Asia-Snack mit Krabben

- *Für 10 Stück*
- *Zubereitung: ca. 45 Min.*
- *ca. 230 kcal je Portion*

ZUTATEN

450 g Blätterteig in Scheiben, z. B. von Koopmans
1 Ei
2 Scheiben Ananas aus der Dose
150 g Nordseekrabben
350 g asiatisches Gemüse (aus dem Glas)
6 EL süß-saure Sauce
Salz, schwarzer Pfeffer, Ingwerpulver, rosenscharfes Paprikapulver
chinesische Gewürzmischung

1. Den Blätterteig nach Packungsanweisung auftauen lassen. Das Ei trennen und die Teigränder mit Eiweiß bestreichen. Die Ananasscheiben abtropfen lassen und mundgerecht in kleine Stücke schneiden. Den Backofen auf 180 °C vorheizen.

2. Die Krabben schälen und von den dunklen Darmfäden befreien. Sie waschen und trockentupfen.

3. Die Gemüsemischung aus dem Glas nehmen, abtropfen lassen, in eine Schüssel geben und zusammen mit der süß-sauren Sauce, den Krabben sowie den Ananasstücken vermischen. Das Ganze mit Salz, Pfeffer, Ingwerpulver, Paprikapulver und der chinesischen Gewürzmischung pikant abschmecken.

4. Je 1 Eßlöffel der Füllung auf die Mitte der Blätterteigplatten geben. Diese übereinanderklappen, dabei die Ränder gut andrücken. Anschließend das Eigelb gut verquirlen und die Teigtaschen damit bestreichen. Diese auf ein Backblech geben und auf der mittleren Einschubleiste etwa 25 Minuten backen.

Krabbensoufflé

- *Für 4 Personen*
- *Zubereitung:*
  ca. 1 Std. 15 Min.
- *ca. 480 kcal je Portion*
- *Dazu paßt gemischter Salat*

Z U T A T E N

Für das Soufflé

250 ml Milch

Salz

schwarzer Pfeffer

geriebene Muskatnuß

50 g Krebsbutter

7 EL Mehl

4 Eigelb

50 g geschälte Nordsee-
krabben

6 Eiweiß

1 EL Cognac

1 EL Butter

Für die Sauce

1-2 Schalotten

1 EL Butter

300 ml klarer Fischfond
(Fertigprodukt)

200 g süße Sahne

2 Eigelb

50 g Krebsbutter

1 EL Cognac

Salz

Cayennepfeffer

1. Den Backofen auf 200 °C vorheizen. Die Milch in einem flachen Topf aufkochen und mit Salz, Pfeffer und Muskatnuß würzen. Die Krebsbutter hinzufügen und schmelzen lassen.

2. Von dem Mehl 6 Eßlöffel schnell in die Milch einrühren. Dabei so lange rühren, bis sich die Masse vom Boden löst und dick wird. Den Topf vom Herd nehmen und das Ganze etwas abkühlen lassen. Anschließend die Eigelbe unterrühren. Die Krabben entdärmen, waschen und trockentupfen.

3. Die Eiweiße in einer Schüssel steifschlagen und vorsichtig unter die Masse heben. Cognac und Krabben ebenfalls unterrühren.

4. Eine Souffléform (22 cm ø) mit Butter ausfetten und bis zum Rand mit dem restlichen Mehl ausstäuben. Die Teigmasse in die Form geben. Diese in ein Wasserbad stellen und das Soufflé so etwa 30 Minuten im Ofen backen.

5. Inzwischen für die Sauce die Schalotten schälen und fein würfeln. Die Butter in

einem Topf erhitzen und die Schalotten darin glasig dünsten. Den Fischfond dazugeben und zur Hälfte einkochen lassen. Anschließend etwa $2/3$ der Sahne hinzugeben und das Ganze nochmals zur Hälfte reduzieren.

6. Die restliche Sahne mit den Eigelben vermischen. Die Mischung unter die Sauce rühren und diese sofort vom Herd nehmen. Die Krebsbutter unterrühren und das Ganze mit Cognac, Salz und Cayennepfeffer kräftig abschmecken.

- *Füllen Sie die Souffléform nur zu drei Vierteln, da die Masse stark aufgeht.*
- *Backen Sie das Soufflé nach Möglichkeit nicht in einem Heißluftofen, weil hier nicht ein gleichmäßiges Steigen der Masse gewährleistet ist. Falls Sie an Ihrem Ofen Ober- und Unterhitze regulieren können, sollten Sie 200 °C Unterhitze und 180 °C Oberhitze einstellen. Auf diese Weise kann die Hitze mit dem Soufflé nach oben steigen.*

Kleine Krabben-Quiches

- *Für 4 Personen*
- *Zubereitung: ca. 1 Std.*
- *ca. 620 kcal je Portion*
- *Dazu paßt grüner Salat*

ZUTATEN

1 P. Teigmischung für Pizza, z. B. von Mondamin

1 EL Butter

$1/2$ Bund Dill

150 g geschälte Nordseekrabben

200 g Crème fraîche

2 Eier

1 EL Speisestärke, z. B. von Mondamin

Salz, Zitronensaft

weißer Pfeffer

1. Die Teigmischung in 125 ml lauwarmes Wasser geben und verkneten. Den Teig in 8 Teile teilen und diese jeweils ausrollen. 8 Quicheförmchen (10 cm ø) mit Butter ausfetten und die Teigstücke vorsichtig hineinlegen, damit der Teig nicht reißt. Die Ränder fest andrücken, den überstehenden Teig glatt abschneiden.

2. Den Backofen auf 200 °C vorheizen. Den Dill waschen, trockentupfen und fein hacken. Die Krabben entdärmen, waschen und trockentupfen. Die Crème fraîche zusammen mit den Eiern, der Speisestärke und dem Dill verrühren. Das Ganze mit Salz, Zitronensaft und Pfeffer abschmecken. Anschließend die Krabben untermischen.

3. Die Füllung auf die Teigböden verteilen und die Krabben-Quiches im Backofen auf mittlerer Einschubleiste etwa 30 bis 35 Minuten backen.

(auf dem Foto)

- *Sie können auch eine Spring-, eine Pie- oder eine Quicheform mit 24 oder 26 cm ø verwenden.*

Teigtaschen mit Krabbenfüllung

aus China

- *Für 4 Personen*
- *Zubereitung: ca. 40 Min.*
- *ca. 680 kcal je Portion*
- *Dazu paßt Sojasauce*

ZUTATEN

300 g Mehl
Salz
1 EL Sesamöl
1 Ei
1 kg Riesengarnelen
250 g Chinakohl
4 EL Erdnußöl
2 EL Austernsauce
1-2 EL Sherry
evtl. 1 Pr. Glutamat
1 TL Stärkemehl
75 ml kalte Hühnerbrühe
(Fertigprodukt)

Außerdem
1 l Öl zum Fritieren
Mehl für die Arbeitsfläche

1. Das Mehl in eine Schüssel sieben, leicht salzen und zusammen mit 125 ml Wasser, Öl und dem Ei zu einem geschmeidigen Teig verarbeiten. Diesen auf einer bemehlten Arbeitsfläche möglichst dünn ausrollen und in etwa 15 x 8 cm große Rechtecke schneiden.

2. Für die Füllung die Garnelen ausbrechen, entdärmen (S. 6), unter fließend kaltem Wasser gut waschen und trockentupfen. Das Fleisch fein hacken.

3. Den Chinakohl waschen, putzen und abtropfen lassen. Ihn sehr klein schneiden.

4. Das Erdnußöl in einem Topf erhitzen und darin die Krabben scharf anbraten. Austernsauce und Sherry dazugeben und das Ganze mit Salz und eventuell Glutamat abschmecken.

5. In einem Schüsselchen das Stärkemehl mit der Hühnerbrühe glatt verrühren. Anschließend die Mischung zu dem Krabbenfleisch geben und dieses damit binden.

6. Den Chinakohl andünsten und dazugeben. Das Ganze gut verrühren, vom Herd nehmen und abkühlen lassen. Das Öl zum Fritieren erhitzen.

7. Die erkaltete Masse jeweils auf die Mitte der Teigrechtecke verteilen. Diese so zusammenrollen, daß ein etwa 1 cm breiter Rand übrigbleibt. Jeweils die Enden einer Rolle übereinanderziehen und gut festdrücken. Die Teigtaschen portionsweise im heißen Fritieröl in 3 bis 5 Minuten goldbraun ausbacken und auf Küchenkrepp abtropfen lassen.

TIP

- *Austernsauce wird auch in der chinesischen Küche nicht zu Hause hergestellt. Als Fertigprodukt bekommt man sie in Asienläden. Sie besteht aus Austernextrakt, Stärke, Klebreis, Salz, Zucker sowie verschiedenen anderen Gewürzen, hat einen leicht süßlichen Geschmack und schmeckt bei weitem nicht so intensiv wie Sojasauce. Austernsauce wird für Fleisch, Geflügel und Gemüse verwendet.*

Frühlingsrollen mit Riesengarnelen

- *Für 20 Stück*
- *Zubereitung:*
  ca. 1 Std. 45 Min.
- *ca. 280 kcal je Portion*

ZUTATEN

8 getrocknete Shiitakepilze
10 Riesengarnelen
Salz
2 Frühlingszwiebeln
1 mittelgroße Karotte
50 g Bambussprossen (aus
  der Dose)
100 g Schweinehackfleisch
2 Eier, 1 EL Fischsauce
weißer Pfeffer
$^{1}/_{2}$ TL Korianderpulver
10 TK-Wan-Tan-Teigblätter
1 $^{1}/_{2}$ l Erdnußöl

1. Die Pilze in lauwarmem Wasser etwa 15 Minuten quellen lassen. Die Garnelen außer den Schwanzflossen ausbrechen, entdärmen (S. 6), waschen, abtropfen lassen, halbieren und salzen.

2. Die Pilze abtropfen lassen. Die Stiele abschneiden, die Pilze grob hacken. Die Frühlingszwiebeln putzen, waschen, trockentupfen und in etwa 1 cm lange Stücke schneiden. Die Karotte putzen, schälen, waschen, grob hacken. Die Bambussprossen abtropfen lassen und zerschneiden. Das Hackfleisch zusammen mit 1 Ei sowie Fischsauce, Pfeffer, Salz und Koriander vermengen. Pilze, Sprossen, Frühlingszwiebeln und Karotten darunterkneten.

3. Das zweite Ei trennen. Die Teigblätter auf einem feuchten Tuch ausbreiten und diagonal halbieren. Die Ränder mit Eiweiß bestreichen. Jeweils 1 Teelöffel Füllung auf ein halbes Teigblatt verstreichen, je eine halbe Garnele darauf legen und die Teigblätter so aufrollen, daß die Garnelenschwänze herausschauen. Das Öl auf etwa 180 °C erhitzen und die Teigrollen etwa 4 Minuten darin ausbacken.

Riesengarnelen mit Reisnudeln

raffiniert

- Für 6-8 Portionen
- Zubereitung: ca. 40 Min.
- ca. 460 kcal je Portion
- Dazu paßt eine scharfe
  Ingwersauce (Rezept s. Tip)

ZUTATEN

16 große Riesengarnelen
Salz
weißer Pfeffer
4 Eiweiß
200 g Reisnudeln
2 l Erdnußöl

1. Die Garnelen außer den Schwanzflossen ausbrechen, entdärmen (S. 6), waschen und trockentupfen. Jede Garnele quer in 3 Teile schneiden und mit Salz und Pfeffer würzen.

2. Die Eiweiße mit einer Gabel leicht verschlagen. Die Reisnudeln zerdrücken und in eine flache Schüssel geben. Das Öl in einer Pfanne auf 180 °C erhitzen.

3. Die Garnelenstücke mit einer Gabel in das Eiweiß tauchen, etwas abtropfen lassen, in den Reisnudeln wenden und im heißen Öl etwa 2 Minuten knusprig backen.

TIP

- Die Ingwersauce können Sie so zubereiten: 200 g Zucker hellbraun karamelisieren lassen und erst umrühren, wenn er am Rand zu schmelzen beginnt. Unter Rühren 200 ml heißes Wasser dazugießen, dann 40 g geschälten, gehackten Ingwer, 2 Eßlöffel Sojasauce, 6 Eßlöffel Rotweinessig sowie je 1 Teelöffel Salz, Pfeffer und Sambal Oelek hinzufügen. Das Ganze offen etwa 10 Minuten kochen, bis sich der Zucker vollständig aufgelöst hat. 1 Teelöffel Stärkemehl in 2 Eßlöffeln Wasser glattrühren, in die kochende Sauce geben und aufkochen. Die Sauce abfüllen.

Scharf-saure Garnelensuppe

■ *Für 4 Personen*

■ *Zubereitung: ca. 45 Min.*

■ *ca. 180 kcal je Portion*

■ *Dazu paßt Krupuk (fritiertes Krabbenbrot)*

Z U T A T E N

500 g mittelgroße Tiefsee-garnelen

3 Stiele Zitronengras

1 ganzer Koriander mit der Wurzel

3 Zitronenblätter

1 Stück Galgantwurzel (ca. 3 cm lang)

2 große rote Chilischoten

2 große grüne Chilischoten

2 Frühlingszwiebeln

2 Knoblauchzehen

300 g Strohpilze (aus der Dose)

4 EL Fischsauce

4 EL Limettensaft

1. Die Garnelen ausbrechen, die Köpfe und die dunklen Darmfäden entfernen (S. 6). Sie waschen und abtropfen lassen. Die Schalen waschen und beiseite legen.

2. Die Zitronengrasstiele waschen und jeweils drei- bis viermal knicken. Den Koriander waschen, Wurzel und Blätter getrennt hacken.

3. Garnelenschalen, Zitronengras und Korianderwurzel zusammen mit 1 l Wasser in einen Topf geben. Alles aufkochen, anschließend bei schwacher Hitze etwa 15 Minuten zugedeckt köcheln lassen.

4. Inzwischen die Zitronenblätter waschen, trockentupfen und mit einer Schere fein zerschneiden. Die Galgantwurzel schälen und in dünne Scheiben schneiden. Die Chilischoten waschen, entkernen und in feine Streifen schneiden. Die Frühlingszwiebeln putzen, waschen und in Ringe schneiden. Die Knoblauchzehen schälen und fein hakken. Die Pilze abtropfen lassen.

5. Den Sud abgießen, dabei die Flüssigkeit auffangen. Diese nochmals aufkochen lassen. Zitronenblätter, Galgantwurzel, Chilischoten, Frühlingszwiebeln und Knoblauch sowie die Pilze und die Garnelen hinzufügen.

6. Die Suppe mit Fischsauce und Limettensaft abschmekken und etwa 2 Minuten offen köcheln lassen, abschließend mit gehackten Korianderblättern bestreuen.

(auf dem Foto)

G A L G A N T

Galgant (auch Galangawurzel, Thai-Ingwer, Alpinia oder Laos), eine gelbliche Wurzelknolle mit rosafarbenen Seitensprossen, gehört zu den Ingwergewächsen. Thais schwören auf ihre verdauungsfördernde Wirkung und trinken bei Magenschmerzen eine Mischung aus geriebener Wurzel und Zitronensaft. Geschälter, zerkleinerter Galgant ist unverzichtbarer Bestandteil fast aller Gewürzpasten.

Tiefseegarnelensuppe mit Safran

- *Für 4 Personen*
- *Zubereitung: ca. 20 Min.*
- *ca. 190 kcal je Portion*

ZUTATEN

200 g Staudensellerie
2 Schalotten
1 Knoblauchzehe
**100 g gekochte, geschälte
Tiefseegarnelen**
2 EL Butter
**500 ml Fischfond (Fertig-
produkt)**
0,5 g Safran
1 EL Reismehl
100 ml trockener Weißwein
150 g Crème fraîche
Salz
weißer Pfeffer

1. Den Staudensellerie waschen, putzen und fein würfeln. Die Sellerieblätter waschen, trockentupfen, grob hacken und beiseite stellen. Die Schalotten und die Knoblauchzehe jeweils schälen und fein hacken. Die Tiefseegarnelen entdärmen, unter fließendem Wasser gründlich waschen und trockentupfen.

2. Die Butter in einem Topf erhitzen. Die Selleriewürfel zusammen mit den Schalotten- sowie den Knoblauchstückchen in die Butter geben und das Ganze anschwitzen. Den Fond sowie den Safran dazugeben und alles aufkochen lassen.

3. Das Reismehl in einem Schüsselchen zusammen mit dem Weißwein glatt verrühren und das Ganze zur leichten Bindung unter die Suppe mischen. Die Suppe aufkochen lassen, dann die Crème fraîche unterrühren.

4. Die Suppe mit Salz und Pfeffer abschmecken und die Tiefseegarnelen als Einlage hinzufügen. Vor dem Servieren etwa 1 Eßlöffel gehackte Staudensellerieblätter über die Suppe streuen.

Garnelensuppe mit Fenchel

- *Für 4 Personen*
- *Zubereitung: ca. 55 Min.*
- *ca. 160 kcal je Portion*
- *Dazu paßt Weißbrot*

ZUTATEN

8 Tiefseegarnelen

3 Zwiebeln (ca. 100 g)

2 kleine Fenchelknollen
 (ca. 200 g)

1 Knoblauchzehe

1 EL kaltgepreßtes Olivenöl

100 ml trockener Weißwein

800 ml Fischfond (Fertig-
 produkt)

2 Schalotten

1 EL Butter

Salz

weißer Pfeffer

Cayennepfeffer

2 EL Pernod

1. Die Garnelen aus den Schalen lösen und die dunklen Darmfäden entfernen (S. 6). Das Garnelenfleisch unter fließendem Wasser waschen und abtropfen lassen. Die Garnelenschalen gründlich säubern.

2. Die Zwiebeln schälen und grob hacken. Die Fenchelknollen putzen, waschen und trockentupfen. Die äußeren Blätter in kleine Stücke schneiden. Das Fenchelherz für die Einlage in feine Streifen schneiden. Das Fenchelkraut fein hacken. Die Knoblauchzehe schälen und fein hacken.

3. Das Olivenöl in einem Topf erhitzen. Die Garnelenschalen zusammen mit den Knoblauch-, Zwiebel- und Fenchelstücken dazugeben und alles anschwitzen. Das Ganze mit Weißwein ablöschen und den Fischfond dazugeben. Die Suppe etwa 20 Minuten kochen lassen und anschließend durch ein Sieb passieren.

4. Die Schalotten schälen und fein hacken. Die Butter in einen Topf geben und erhitzen. Die Schalottenstückchen zusammen mit den Fenchelstreifen in der Butter glasig dünsten.

5. Die geschälten Garnelen drei- bis viermal schräg einschneiden und mit Salz und Pfeffer würzen. Sie anschließend etwa 2 Minuten in der Butter anschwitzen, ablöschen und mit dem Garnelenfond auffüllen.

6. Die Suppe erhitzen, mit Salz, Pfeffer sowie 1 Prise Cayennepfeffer würzen und abschließend mit dem Pernod verfeinern. Zum Schluß das gehackte Fenchelkraut darübergeben und die Suppe heiß servieren.

- *Frischen Fenchel erkennen Sie daran, daß das Fenchelkraut noch kräftig ist und die Knolle keine braunen Druckstellen aufweist. Die kleinen Fenchelknollen sind besonders zart und aromatisch.*

Gemüse-Garnelen-Suppe mit Reisnudeln

■ *Für 4 Personen*
■ *Zubereitung: ca. 35 Min.*
■ *ca. 150 kcal je Portion*

ZUTATEN

200 g geschälte Tiefsee-
   garnelen
$^1/_2$ P. schwarze Pilze
   (12,5 g)
2 Karotten, 2 Tomaten
1 EL Zitronengras
1 Knoblauchzehe
1 l Hühnerbrühe
$^1/_4$ TL Sambal Oelek
2 Msp. Zitronenpfeffer
1 EL Sojasauce
1 EL Limettensaft
50 g Reisnudeln

1. Die Garnelen von den dunklen Darmfäden befreien (S. 6), waschen und trockentupfen. Die Pilze in warmem Wasser etwa 15 Minuten quellen lassen. Sie dann gut abspülen und kleinschneiden.

2. Die Karotten putzen, waschen, schälen und in Scheiben schneiden. Die Tomaten über Kreuz einritzen, überbrühen, abschrecken und enthäuten. Sie von den Stielansätzen befreien, entkernen und würfeln. Das Zitronengras waschen, in Ringe schneiden und im Mörser zerstoßen. Die Knoblauchzehe schälen und zerdrücken.

3. Karotten, Tomaten, Pilze, Zitronengras und Knoblauch in die Brühe geben und alles etwa 10 Minuten köcheln lassen. Die Suppe mit Sambal Oelek, Zitronenpfeffer, Sojasauce und Limettensaft abschmecken.

4. Die Reisnudeln nach Packungsanleitung zubereiten, in Schälchen verteilen und mit der Suppe auffüllen.

(auf dem Foto)

Asiatische Riesengarnelensuppe

- *Für 4 Personen*
- *Zubereitung: ca. 45 Min.*
  (plus ca. 15 Min. Quellzeit)
- *ca. 110 kcal je Portion*
- *Dazu paßt Krupuk (fritiertes*
  Krabbenbrot)

ZUTATEN

8 getrocknete Shiitakepilze
250 g Karotten
200 g Bambussprossen
  (aus der Dose)
200 g Lauch
12 geschälte Riesen-
  garnelen
1 Stiel frisches Zitronen-
  gras (ersatzweise 1 EL
  gemahlenes Zitronengras)
750 ml Brühe
1 TL abgeriebene Schale
  von 1 unbehandelten
  Zitrone
1 TL Essig-Essenz
  (25 %, z.B. von Surig)
2 EL Sojasauce
schwarzer Pfeffer
evtl. Salz

1. Die Shiitakepilze in 250 ml warmem Wasser etwa 15 Minuten einweichen.

2. Inzwischen die Karotten putzen, schälen, waschen und in Scheiben schneiden. Die Bambussprossen waschen, abtropfen lassen und in Scheiben schneiden. Den Lauch putzen, waschen und in Ringe schneiden.

3. Die Riesengarnelen entdärmen (S. 6), waschen, trockentupfen und längs bis zur Hälfte einschneiden.

4. Das Zitronengras waschen und trockentupfen. Es dann längs halbieren und quer vierteln, zum Garnieren einige Stengel in feine Streifen schneiden.

5. Die Pilze abtropfen lassen, dabei das Einweichwasser auffangen.

6. Die Brühe zusammen mit dem Einweichwasser der Pilze, dem Zitronengras und der abgeriebenen Zitronenschale in einen Topf geben. Das Ganze zum Kochen bringen. Karotten, Bambussprossen, Lauch und Pilze dazugeben und alles 10 Minuten in der Brühe mild kochen lassen.

7. Die Riesengarnelen dazugeben und die Suppe weiter etwa 6 Minuten köcheln lassen. Sie dann mit Essig-Essenz, Sojasauce, Pfeffer sowie eventuell etwas Salz abschmecken. Die Suppe vor dem Servieren auf Teller oder in vorgewärmte Suppentassen füllen und mit den vorbereiteten Zitronengrasstreifen garnieren.

ZITRONENGRAS

In der Thai-Küche gehört Zitronengras zu den typischen Würzzutaten. Die graugrünen Blätter dieser schilfartigen Pflanze verströmen einen frischen, zitronenähnlichen Duft und geben den Speisen einen unverwechselbaren Charakter. Zitronengras ist bei uns – bisweilen unter dem Namen Sereh – in Asienläden, gut sortierten Gemüseläden oder Lebensmittelabteilungen von Kaufhäusern frisch und getrocknet, in Stücken oder gemahlen erhältlich.

Hummersuppe mit Tomateneinlage

cremig

- *Für 4 Personen*
- *Zubereitung:*
  ca. 1 Std. 15 Min.
  (plus ca. 30 Min. Auftauzeit)
- *ca. 400 kcal je Portion*
- *Dazu paßt geröstetes*
  Weißbrot

ZUTATEN

2 tiefgekühlte Hummer
(à 400 g, am besten im Eis-
  block gefroren)
1 l Fischfond (Fertig-
  produkt)
75 g Langkornreis
1 Zwiebel
1 Bund Suppengrün
75 g Butter
400 g vollreife Tomaten
Salz
Zucker
100 g süße Sahne
Worcestersauce
Cayennepfeffer

1. Die Hummer auftauen lassen, unter fließend kaltem Wasser abbürsten und abtropfen lassen. Sie in den kochenden Fond geben und nochmals aufkochen. Den Topf sofort vom Herd nehmen, die Hummer noch 5 Minuten ziehen lassen. Sie dann herausnehmen, abtropfen lassen und längs halbieren. Das Schwanz- und Scherenfleisch herauslösen. Die ungenießbaren Teile aus den Kopfstücken entfernen und wegwerfen. Alle anderen cremigen Substanzen und das am Kopfteil anhaftende Fleisch herauslösen. Die Schalen in einen Gefrierbeutel geben und mit einem Fleischklopfer grob zerstoßen.

2. Den Reis spülen und abtropfen lassen. Die Zwiebel schälen und würfeln. Das Suppengrün putzen, waschen, abtropfen lassen und würfeln.

3. Die Hälfte der Butter in einem Topf erhitzen. Zwiebeln und Suppengrün darin andünsten. Hummerschalen hinzufügen und kurz anrösten. Reis, die ausgelösten Hummerteile ohne Schwanz- und Scherenfleisch sowie den Fischfond dazugeben. Alles

zugedeckt 30 Minuten sanft köcheln lassen.

4. Inzwischen die Tomaten über Kreuz einritzen, überbrühen, abschrecken, enthäuten, entkernen und sehr grob würfeln.

5. Schwanz- und Scherenfleisch würfeln. Die restliche Butter in einer Pfanne erhitzen, das Fleisch kurz darin schwenken, herausnehmen und beiseite stellen.

6. Die Tomaten in die Butter geben, mit Salz und etwas Zucker würzen und bei milder Hitze langsam einkochen lassen.

7. Die Sahne steifschlagen. Die Suppe durch ein Sieb streichen, erneut erhitzen, mit Salz, Worcestersauce und wenig Cayennepfeffer würzen, mit der Sahne mischen. Die Hummerstücke in vorgewärmte Suppentassen geben und mit Suppe aufgießen. Jede Portion mit Tomateneinlage garnieren.

(auf dem Foto)

Sauer-würzige Riesengarnelensuppe

- *Für 4 Personen*
- *Zubereitung: ca. 25 Min.*
- *ca. 290 kcal je Portion*
- *Dazu paßt Krabbenbrot*

ZUTATEN

8 Riesengarnelen
1–2 Stücke Galgantwurzel
750 ml Hühnerbrühe
2–3 Stücke Zitronengras
100 g Champignons
1 frische rote Chilischote
**2 EL Fischsauce (Fertig-
produkt)**
2 EL Limettensaft
5 Zitronenblätter
1–2 TL geröstete Chilipaste
evtl. etwas Salz

1. Die Garnelen ausbrechen, die Schwanzflossen daranlassen. Sie entdärmen (S.6), waschen und trockentupfen. Die Galgantwurzel schälen und zerkleinern.

2. Die Brühe zum Kochen bringen. Zitronengras und Galgantwurzel hinzufügen.

3. Die Pilze putzen, waschen, abreiben und halbieren. Die Chilischote waschen, entkernen und in feine Ringe schneiden. Pilze, Chilischote, Fischsauce, Limettensaft, Zitronenblätter und Chilipaste in die Suppe geben und alles 2 bis 3 Minuten köcheln lassen.

4. Zum Schluß die Riesengarnelen in die Brühe geben und in weiteren 3 bis 5 Minuten garen. Die Suppe eventuell mit Salz nachwürzen. Das Zitronengras und die Zitronenblätter herausnehmen und die Suppe sehr heiß servieren.

TIP

- *Falls Sie weder frisches Zitronengras noch Galgantwurzel zur Hand haben, können sie ersatzweise 1 bis 2 Teelöffel gemahlenes Zitronengras bzw. 1 Teelöffel gemahlene Galgantwurzel verwenden.*

Erbsencremesuppe mit Langostinos

sahnig

- *für 4 Personen*
- *Zubereitung: ca. 40 Min.*
- *ca. 500 kcal je Portion*
- *Dazu paßt Toast*

ZUTATEN

Für die Cremesuppe

250 g frische Erbsen (ersatzweise TK-Ware)
1 Schalotte
1 Zweig Minze
2 EL Butter
500 ml Fischfond (Fertigprodukt)
250 g süße Sahne
100 g Crème fraîche
Salz
weißer Pfeffer
Zitronensaft

Für die Langostinos
8 geschälte Langostinos
1 Knoblauchzehe
2 EL kaltgepreßtes Olivenöl

1. Die Erbsen in kochendem Wasser blanchieren und in Eiswasser abschrecken, dadurch behalten sie ihre frische grüne Farbe. Etwa 50 g für die Einlage beiseite legen.

2. Die Schalotte schälen und würfeln. Die Minze waschen und trockentupfen. Die Blätter abzupfen und in Streifen schneiden. Etwas Minze für die Garnitur beiseite legen.

3. Die Butter in einem Topf erhitzen. Schalotten darin anschwitzen, Erbsen und Minze hinzufügen. Den Fond angießen. Alles etwa 10 Minuten köcheln lassen. Inzwischen die Sahne steifschlagen.

4. Die Crème fraîche in die Suppe rühren und alles in einem Mixgerät oder mit dem Pürierstab eines Handrührgeräts pürieren. Die Suppe nochmals aufkochen lassen und die Sahne darunterheben. Das Ganze salzen, pfeffen und mit etwas Zitronensaft abschmecken.

5. Die Langostinos entdärmen. Das Fleisch waschen, trockentupfen und pfeffern. Die Knoblauchzehe schälen. Das Öl in eine Pfanne geben und erhitzen. Darin die Langostinos zusammen mit der Knoblauchzehe kurz braten.

6. Die Langostinos herausnehmen und zusammen mit den zurückbehaltenen Erbsen in die vorgewärmten Suppenteller verteilen, mit der Suppe auffüllen und mit Minzestreifen garnieren.

(auf dem Foto)

MINZE

Minze ist ein Kraut mit einem starken frischen Duft und Aroma, das vor allem in Europa, Nordafrika und Amerika angebaut wird. Es gibt viele verschiedene Arten (z. B. Pfefferminze, Apfelminze, Zitronenminze). Grüne Minze wird zum Kochen am häufigsten verwendet und ist in der englischen und arabischen Küche sehr beliebt. Minze paßt gut zu Erbsen, als Minzgelee oder Minzsoße zu Lamm. Feingehackt wird sie häufig in Dips, Salaten oder zum Aromatisieren von Getränken und Suppen verwendet.

Hummercremesuppe mit Estragon

delikat

- *Für 4 Personen*
- *ca. 1 Std. 45 Min.*
- *ca. 370 kcal je Portion*

ZUTATEN

1 Hummer à ca. 800 g
1,2 l Fischfond (Fertig-
  produkt)
1 große Zwiebel
250 g Kartoffeln
1 mittelgroße Karotte
70 g Sellerie
2 Tomaten
2 EL Butter
2–3 Zweige Estragon
je 1–2 EL Cognac und
  Pernod
200 g süße Sahne
Cayennefeffer, Salz

1. Den Hummer abbürsten und mit dem Kopf voran in den sprudelnd kochenden Fond geben. Ihn 10 Minuten bei schwacher Hitze ziehen lassen, herausnehmen und auskühlen lassen. Das Fleisch ausbrechen (S. 7) und klein-schneiden. Die Schalen gut zerstoßen.

2. Zwiebel schälen und wür-feln. Kartoffeln, Karotte und Sellerie putzen, schälen, wa-schen und würfeln. Tomaten putzen, waschen, klein-schneiden. Den Estragon wa-schen. Die Blätter eines Stiels abzupfen, hacken und zusam-men mit $1/3$ der Kartoffeln für die Einlage beiseite stellen.

3. Die Butter in einem Topf erhitzen. Das Gemüse, $2/3$ der Kartoffeln und die Hummer-schalen anschwitzen. Toma-ten und einen Teil des Estra-gons dazugeben, alles kurz ziehen lassen, mit Cognac und Pernod ablöschen und mit dem Fond auffüllen. Die Suppe etwa 1 Stunde leicht kochen lassen, danach durch ein Sieb passieren. Die Sahne hinzufügen, alles mit Ca-yennepfeffer und Salz würzen und aufkochen lassen.

4. Die beiseite gestellten Kar-toffelwürfel in Salzwasser blanchieren, zusammen mit Hummerfleisch und Estragon in die Suppe geben.

Friesische Krabbensuppe

- *Für 4 Personen*
- *ca. 30 Min.*
- *ca. 340 kcal je Portion*

Z U T A T E N

1 kleine Zwiebel
200 g Rinder-Hackfleisch
1 Ei, 2 EL Paniermehl
Salz, schwarzer Pfeffer
geriebene Muskatnuß
1 l Fleischbrühe (s. Tip)
2 Würfel (à 50 g) Hambur-
** ger Krebs-Suppenpaste**
2 EL Tomatenmark
je 1 EL Butter und Mehl
je 280 g Spargel und Erbsen
** (aus der Dose)**
200 g gekochte, geschälte
** Nordseekrabben**

1. Die Zwiebel schälen, würfeln und zusammen mit Fleisch, Ei und Paniermehl verkneten. Die Masse mit Salz, Pfeffer und Muskat würzen. Daraus mit angefeuchteten Händen Klößchen formen. Reichlich Salzwasser erhitzen und sie im siedenden Wasser etwa 10 Minuten garen.

2. Die Fleischbrühe aufkochen und etwas abkühlen lassen. Die Suppenpaste zusammen mit Tomatenmark in etwas Brühe glattrühren. Die Butter und das Mehl verkneten, in die Suppe geben und das Ganze aufkochen. Die Suppenpaste einrühren und

alles erneut kurz aufkochen. Spargel und Erbsen abtropfen lassen und in der Suppe erwärmen. Die Suppe zusammen mit den Klößchen und den Krabben auf 4 Teller verteilen.

- *Die Suppe schmeckt besonders gut mit selbstgemachter Fleischbrühe. Kochen Sie dazu 500 g Rinderknochen in 1 ¹/₂ Liter Salzwasser auf, und geben Sie 1 Bund geputztes, gewaschenes und zerkleinertes Suppengrün sowie 5 Pimentkörner dazu. Lassen Sie die Suppe etwa 1 Stunde köcheln.*

Krabbensuppe mit Champignons

- *Für 4 Personen*
- *Zubereitung: ca. 20 Min.*
- *ca. 330 kcal je Portion*
- *Dazu paßt Weißbrot*

ZUTATEN

100 g weiße Champignons
150 g gekochte Nordsee-
   krabben
50 g Krebsbutter
2 EL Mehl
750 ml klare Brühe
200 g süße Sahne
1 TL Zitronensaft
Salz, weißer Pfeffer
1–2 EL Pernod
1 Bund Schnittlauch

1. Die Champignons putzen, waschen, trockenreiben und in Scheiben schneiden. Die Krabben waschen und gut abtropfen lassen.

2. Die Krebsbutter erhitzen und die Pilze darin andünsten. Das Mehl darüberstäuben und kurz anschwitzen, dann mit der Brühe und 100 g Sahne ablöschen. Die Suppe gut durchkochen lassen und mit Zitronensaft, Salz und Pfeffer abschmecken. Die Hälfte der Krabben zugeben.

3. Die restliche Sahne steifschlagen und mit Pernod abschmecken. Den Schnittlauch waschen, trockentupfen und in Röllchen schneiden. Die

Suppe auf Tellern anrichten. Dabei jeweils 1 Eßlöffel Sahne auf die Suppe geben und sie abschließend mit den restlichen Krabben und den Schnittlauchröllchen bestreuen.

TIP

- *Krebsbutter können Sie auch selber herstellen. Zerstoßen Sie dazu die Abfälle von gekochten Krebsen sehr fein im Mörser, verarbeiten Sie diese dann mit der gleichen Menge Butter, und streichen Sie anschließend alles durch ein feines Sieb.*

Kalte Melonensuppe mit Krebsen

sommerlich

- *Für 4 Personen*
- *Zubereitung: ca. 45 Min.*
  (plus ca. 2 Std. Kühlzeit)
- *ca. 200 kcal je Portion*
- *Dazu paßt geröstetes*
  Weißbrot

ZUTATEN

2 Charentais-Melonen
250 ml heller Portwein
Salz
schwarzer Pfeffer
Zitronensaft
1 Zweig Basilikum
1 Zweig Minze
16 gekochte Flußkrebse
  (ersatzweise Scampi)
einige Minzeblätter

1. Die Melonen halbieren und entkernen. Mit einem Ausstecher aus dem Fruchtfleisch insgesamt 20 Kugeln ausstechen und diese kalt stellen.

2. Für die Suppe das restliche Fruchtfleisch sorgfältig auskratzen und zusammen mit dem Portwein pürieren. Das Püree mit Salz, Pfeffer und etwas Zitronensaft abschmecken.

3. Basilikum und Minze waschen und trockentupfen. Die Blätter abzupfen, zuschneiden und unter das Püree heben. Das Ganze etwa 2 Stunden im Kühlschrank kalt stellen. Die Ränder der Melonenschalen mit einem scharfen Messer dekorativ zuschneiden und diese dann ebenfalls für etwa 2 Stunden ins Gefrierfach geben.

4. Vor dem Servieren die Flußkrebse aus den Schalen brechen. Einige schöne Kopfteile für die Garnitur beiseite legen. Die Krebse entdärmen (S. 6), waschen und trockentupfen.

5. Die Melonenkugeln und die Krebse in die gefrorenen Melonenschalen verteilen,

diese mit kalter Suppe auffüllen und mit Minzeblättern und den Kopfteilen der Krebsschalen garnieren.

(auf dem Foto)

CHARENTAIS-MELONE

Die Charentais-Melone stammt aus Südfrankreich und gehört zu den Zuckermelonen. Man erkennt sie an ihrer hellgrünen Schale, die von dunkelgrünen Längsstreifen durchsetzt ist. Wegen ihres süßen orangefarbenen Fleischs wird sie sowohl als Vor- als auch als Nachspeise sehr gern gegessen. An einem kühlen und trockenen Ort aufbewahrt, ist diese Melone lange lagerfähig. Befindet sie sich in warmen Räumen, ist sie bereits nach ein paar Tagen reif. Dann verströmt sie schon vor dem Aufschneiden einen feinen Duft. Charentais-Melonen schmecken frisch aufgeschnitten am besten, können jedoch im Kühlschrank in Plastikfolie verpackt bis zu 2 Tage aufgehoben werden.

Cremige Krebssuppe

mild-würzig

- *Für 4 Personen*
- *Zubereitung: ca. 1 Std. 30 Min.*
- *ca. 250 kcal je Portion*

ZUTATEN

12 Flußkrebse à ca. 30 g
**750 ml Fischfond (Fertig-
produkt)**
je 1 Zweig Dill und Thymian
2 EL Butter
**200 g Karotten, Lauch, Sel-
lerie, Zwiebeln, gewürfelt**
1 EL Tomatenmark
3 EL Cognac
5 EL Weißwein
2 EL Reismehl
150 g süße Sahne
Salz, schwarzer Pfeffer
Cayennepfeffer

1. Die Krebse unter fließendem Wasser gründlich abbürsten und abtropfen lassen.

2. Den Fischfond in einem
Topf aufkochen. Die Krebse in
den sprudelnd kochenden
Fond geben, kurz blanchieren
und mit einer Schaumkelle
wieder herausnehmen.

3. Das Fleisch aus den Krebs-
schwänzen brechen (S. 6)
und die Krebskarkassen in einem Mörser zerstoßen. Den
Dill und den Thymian wa-
schen und trockentupfen.

4. Die Butter erhitzen und
das Gemüse darin anschwitzen. Krebskarkassen, Tomatenmark, Dill und Thymian

dazugeben. Das Ganze kurz
angehen lassen und mit
Cognac flambieren.

5. Den Weißwein und den
Fischfond angießen und alles
etwa 45 Minuten kochen.

6. Danach die Suppe durch
ein Sieb passieren. Das Reismehl zusammen mit der Sahne verrühren und die Suppe
damit binden. Die Krebs-
schwänze hineingeben und
die Suppe mit Salz, Pfeffer
und Cayennepfeffer pikant
abschmecken.

Fischsuppe mit Kokossahne

- *Für 4 Personen*
- *Zubereitung: ca. 50 Min.*
- *ca. 280 kcal je Portion*

ZUTATEN

2 Knoblauchzehen
1 Zwiebel, 2 Stangen Lauch
je 1 Chilischote und Mango
2 EL Erdnußöl
1 l Fischfond (Fertig-
  produkt)
200 ml Kokossahne (Rezept
  S. 74 oder Fertigprodukt)
300 g Rotbarschfilet
200 g geschälte Tiefsee-
  garnelen
Salz, Currypulver, geriebe-
  ne Muskatnuß, 1 EL Sherry

1. Knoblauch und Zwiebel schälen und fein würfeln. Den Lauch putzen, waschen trockentupfen und in 1 cm große Stücke schneiden. Die Chilischote waschen, längs halbieren, entkernen und in feine Streifen schneiden. Die Mango schälen und in Streifen schneiden.

2. Knoblauch-, Zwiebel- und Chilistücke im Öl goldbraun braten. Mango und Lauch dazugeben, den Fischfond angießen, alles aufkochen und etwa 2 Minuten kochen lassen. Die Kokossahne dazugeben. Alles aufkochen lassen und die Hitze reduzieren.

3. Den Fisch waschen, trockentupfen, würfeln. Die Garnelen entdärmen (S. 6), waschen und abtropfen lassen. Alles in den sehr heißen, aber nicht kochenden Fond geben und etwa 4 Minuten ziehen lassen. Die Suppe mit Salz, Currypulver, Muskatnuß und Sherry abschmecken.

TIPS

- *Garnieren Sie die Suppe mit Koriander und Basilikum.*
- *Achten Sie darauf, daß die Mango säuerlich schmeckt und die Kokossahne ungezuckert ist, die Suppe wird sonst zu süß.*

Klare Fischsuppe mit Paprika

leicht

- *Für 4 Personen*
- *Zubereitung: ca. 45 Min.*
- *ca. 250 kcal je Portion*

ZUTATEN

300 g Kabeljaufilet
100 g geschälte Tiefsee-
garnelen
1 Knoblauchzehe, 1 Zwiebel
je 1/2 rote und grüne
Paprikaschote
1 kleine Chilischote
1 Frühlingszwiebel
2 EL kaltgepreßtes Olivenöl
1 1/4 l Fischfond (Fertig-
produkt)
125 ml Noilly Prat
Salz, bunter Pfeffer
12 Kirschtomaten

1. Das Kabeljaufilet waschen, trockentupfen und mundgerecht würfeln. Die Garnelen entdärmen (S. 6), waschen und abtropfen lassen.

2. Den Knoblauch und die Zwiebel schälen und fein würfeln. Die Paprikaschoten und die Chilischote waschen, putzen, entkernen und zusammen fein würfeln. Die Frühlingszwiebel waschen, putzen und in feine Ringe schneiden.

3. Das Öl erhitzen, das Gemüse darin anschwitzen, abtropfen lassen und zusammen mit dem Fond in einem Topf etwa 2 Minuten köcheln lassen. Noilly Prat, Salz und Pfeffer hinzufügen. Die Suppe

vom Herd nehmen. Fisch und Garnelen dazugeben, mit Salz und Pfeffer abschmecken und etwa 8 Minuten ziehen lassen.

4. Die Tomaten blanchieren, abschrecken, enthäuten und von den Stielansätzen befreien. Sie auf 4 Teller verteilen, die Suppe darübergießen.

TIPS

- *Gegebenenfalls können Sie den Noilly Prat durch trockenen Wermut ersetzen.*
- *Garnieren Sie das Gericht mit Basilikumstreifen.*

Meeresfrüchte-Lasagne

- *Für 4–6 Personen*
- *Zubereitung:*
  ca. 1 Std. 15 Min.
- *ca. 550 kcal (bei 6 Personen)*
- *Dazu paßt grüner Blattsalat*

 З U T A T E N

**300 g geschälte Nordsee-
  krabben**

**700 g gemischtes Fischfilet
  (z. B. vom Kabeljau, Rot-
  barsch, Steinbutt)**

**3 EL gemischte gehackte
  Kräuter (z. B. Petersilie,
  Basilikum, Schnittlauch)**

Saft von einer Zitrone

schwarzer Pfeffer

**300 g Frühlingszwiebeln
  oder junger Lauch**

3 Knoblauchzehen

400 g Tomaten

3 EL kaltgepreßtes Olivenöl

Salz

**500 ml Béchamelsauce
  (Fertigprodukt, z. B. von
  Thomy)**

**ca. 200 g Lasagneblätter
  (ohne Vorkochen ge-
  brauchsfertig)**

80 g geriebener Parmesan

1. Die Krabben schälen und entdärmen. Das Krabben-fleisch kalt abwaschen und trockentupfen.

2. Die Fischfilets waschen, trockentupfen und in mund-gerechte, etwa 2 cm große Würfel schneiden. Diese zu-sammen mit den gehackten Kräutern in eine Schüssel ge-ben, mit dem Zitronensaft beträufeln und pfeffern.

3. Die Frühlingszwiebeln oder den Lauch putzen, waschen, trockentupfen und in Ringe schneiden. Die Knoblauchze-hen schälen und fein hacken. Die Tomaten waschen, über Kreuz einritzen, mit kochen-dem Wasser überbrühen, ab-schrecken und enthäuten. Sie von den Stielansätzen befrei-en, entkernen und achteln.

4. Den Backofen auf 200 °C vorheizen. Das Olivenöl in ei-nem Topf erhitzen und die Frühlingszwiebel- oder Lauch-ringe zusammen mit den Knoblauchstückchen darin 5 Minuten dünsten. Die To-matenachtel daruntermischen und das Ganze mit Salz und Pfeffer abschmecken.

5. Etwas Béchamelsauce in eine rechteckige, feuerfeste Form (2 l Inhalt) geben. Dann in mehreren Schichten ab-wechselnd jeweils Lasagne-Platten, Frühlingszwiebel- oder Lauch-Tomaten-Gemü-se, Fischfiletwürfel, Krabben und Parmesan einfüllen. Jede Schicht mit Salz und Pfeffer würzen und mit Béchamel-sauce begießen. Die oberste Schicht sollte aus Sauce und dem restlichen Parmesan be-stehen.

6. Die Lasagne mit Alufolie bedecken und im Backofen auf mittlerer Einschubleiste zuerst 30 Minuten abgedeckt, dann 15 Minuten offen backen.

TIP

- *Einen Teil des Fischfilets kön-nen Sie auch durch küchenferti-ge oder tiefgekühlte Muscheln und Tintenfischringe ersetzen.*

Spaghetti mit Avocado-Krabben-Sauce

- *Für 4 Personen*
- *Zubereitung: ca. 25 Min.*
- *ca. 820 kcal je Portion*

ZUTATEN

400 g Spaghetti, z. B. von
  Möwe
Salz
1 große rote Paprikaschote
**1 Bund Brunnenkresse (er-
  satzweise 1 Beet Kresse)**
**200 g geschälte Nordsee-
  krabben**
1 reife Avocado (ca. 400 g)
Saft von 1–2 Limetten
300 ml Hühnerbrühe
200 g süße Sahne
Cayennepfeffer
Zucker

1. Die Spaghetti nach Pak-
kungsanleitung in sprudeln-
dem Salzwasser in etwa
10 Minuten garen.

2. Inzwischen die Paprikaschote putzen, waschen,
trockentupfen und halbieren.
Sie vom Stielansatz befreien,
entkernen und in kleine Rauten schneiden. Die Brunnenkresse waschen, abtropfen
lassen und fein hacken.

3. Die Krabben entdärmen,
waschen und trockentupfen.

4. Die Avocado halbieren,
den Stein entfernen und das
Fruchtfleisch mit einem Löffel
herauskratzen. Das Avocado-
fleisch zusammen mit Limettensaft, Brühe, Sahne, etwas

Salz, Cayennepeffer und
1 Prise Zucker im Mixer oder
mit dem Pürierstab eines
Handrührgeräts pürieren. Das
Ganze in einem Topf unter
Rühren erhitzen.

5. Die Krabben und die Papri-
karauten dazugeben und etwa 2 bis 3 Minuten dünsten.
Die gehackte Brunnenkresse
unter die Sauce rühren und
das Ganze kräftig mit Salz
und Pfeffer abschmecken. Die
fertige Sauce sofort zusammen mit den Spaghetti
servieren.

Garnelen in grünem Curry

- *Für 4 Personen*
- *Zubereitung: ca. 45 Min.*
- *ca. 310 kcal je Portion*

ZUTATEN

**600 g geschälte Riesen-
  garnelen**
**1 Schalotte, 2 Knoblauchze-
  hen, 1 cm Ingwerwurzel**
**1 Stück Schale und 2 EL Saft
  von 1 unbeh. Limone**
**je 3 Chili- und Paprikascho-
  ten, 40 g Kokosfett**
1 EL grüne Currypaste
400 ml Kokossahne (S. 74)
1 TL brauner Zucker
2 EL Fischsauce
**einige Koriander-, Basili-
  kum- und Zitronenblätter**

1. Die Garnelen entdärmen (S. 6), waschen und trockentupfen.

2. Die Schalotte, die Knoblauchzehen und die Ingwerwurzel jeweils schälen und sehr fein hacken. Die Limonenschale waschen, trockenreiben und sehr fein würfeln. Die Chili- und Paprikaschoten jeweils putzen, waschen, der Länge nach halbieren, entkernen und von den Stielansätzen befreien. Die Chilis sehr fein hacken, die Paprikaschoten in Rauten schneiden.

3. Das Kokosfett erhitzen. Die Schalotte zusammen mit Knoblauch, Ingwer, Limonenschale und Chilischoten kurz darin anschwitzen. Die Currypaste dazugeben und alles bei mittlerer Hitze so lange braten, bis es sich zu einer dicken Sauce verbunden hat.

4. Die Paprika dazugeben, die Kokossahne angießen und alles aufkochen. Die Garnelen dazugeben und die Sauce mit Zucker, Limonensaft und Fischsauce abschmecken. Zum Schluß die Kräuterblätter unterrühren.

- *Reichen Sie dazu Jasminreis, z. B. von Oryza.*

Gratinierter Hummer mit Dip

- *Für 4 Personen*
- *Zubereitung:*
  ca. 1 Std. 15 Min.
- *ca. 790 kcal je Portion*
- *Dazu paßt italienisches*
  Weißbrot

Z U T A T E N

1 Bund Suppengrün
1/2 l trockener Weißwein
Salz
schwarzer Pfeffer
4 Hummer (à 500 g)
1–2 Knoblauchzehen
85 g mit Paprikapaste
  gefüllte Oliven (aus dem
  Glas)
250 g Salatmayonnaise
8 Tomaten
etwas Zitronensaft
1 Bund Majoran
4 EL Butter
einige Majoranblätter
Spalten einer unbehandel-
  ten Zitrone

1. Das Suppengrün putzen, waschen, grob zerkleinern und zusammen mit dem Weißwein in einen großen Topf geben. Das Ganze mit Wasser auffüllen, salzen, pfeffern und etwa 5 Minuten kochen lassen. Die Hummer abbürsten. Je 2 Hummer nacheinander mit dem Kopf voran in die sprudelnd kochende Flüssigkeit geben, damit sie sofort tot sind (S. 7). Die Hummer zugedeckt etwa 15 Minuten bei schwacher Hitze ziehen lassen.

2. Den Knoblauch schälen und durch eine Knoblauchpresse drücken. Die Oliven abtropfen lassen und fein hacken. Den Knoblauch zusammen mit den Oliven und der Mayonnaise gründlich verrühren, das Ganze salzen und pfeffern.

3. Die Tomaten waschen, kreuzweise einritzen und salzen. Den Backofen auf 220 °C mit Grillstufe erhitzen.

4. Die gekochten Hummer mit einem schweren Messer längs halbieren. Die ungenießbaren Teile entfernen, das Fleisch mit Zitronensaft beträufeln. Die Hummer und die Tomaten im Ofen etwa 4 Minuten übergrillen.

5. Den Majoran waschen und trockenschütteln. Die Blätter abzupfen. Die Butter in einer Pfanne schmelzen. 3/4 der Majoranblätter hacken, hineingeben und pfeffern.

6. Die Hummerhälften anrichten, mit Majoranbutter begießen und mit den restlichen Majoranblättern sowie den Zitronenspalten garnieren.

(auf dem Foto)

Tomaten sind die runden, glattschaligen, würzigen Früchte eines südamerikanischen Nachtschattengewächses. Als Zierfrucht kam die Tomate im 15. Jahrhundert nach Europa. Die saftigen, vitaminreichen Früchte mit dem kräftigen, leicht süßlichen Aroma entstanden jedoch erst durch Züchtung. Um 1850 wurden Tomaten erstmals in der Küche verwendet. Man ißt sie gerne roh im Salat, gekocht in Saucen oder genießt sie als Saft.

Hummer à la Creme

edel

■ *Für 4 Personen*
■ *Zubereitung: ca. 45 Min.*
■ *ca. 550 kcal je Portion*
■ *Dazu paßt Reis*

ZUTATEN

2 Hummer (à 750 g)
2 EL Erdnußöl
Salz
schwarzer Pfeffer
4 EL Noilly Prat (ersatzwei-
  se trockener Wermut)
500 g süße Sahne
etwas Zitronensaft
¹/₂ Bund Schnittlauch

1. Die Hummer unter fließendem Wasser abbürsten und mit dem Kopf voran in kochendes Wasser geben, damit sie sofort getötet werden. Die Hummer nach 1 Minute herausnehmen und zerlegen (S. 7). Die ungenießbaren Teile entfernen.

2. Das Erdnußöl in einem Topf erhitzen und die Hummerstücke darin anrösten. Das Ganze mit wenig Salz und Pfeffer würzen und mit Noilly Prat ablöschen.

3. Den Noilly Prat fast ganz einkochen lassen. Die Sahne dazugeben. Alles aufkochen und bei geringer Hitze etwa 20 Minuten köcheln lassen.

Anschließend die Hummerstücke herausnehmen und warm stellen.

4. Die Sauce bei starker Hitze so lange einkochen lassen, bis sie schön sämig ist. Sie dann mit etwas Zitronensaft abschmecken. Den Schnittlauch waschen und trockenschütteln. Ihn in sehr feine Röllchen schneiden.

5. Die Hummer in vier tiefen Tellern anrichten und mit der Sahnesauce übergießen. Vor dem Servieren den Schnittlauch darüberstreuen.

Gratinierte Riesengarnelen

- *Für 4 Personen*
- *Zubereitung: ca. 30 Min.*
- *ca. 480 kcal je Portion*
- *Dazu paßt Baguette*

ZUTATEN

2 Karotten
2 Zwiebeln
2 Lorbeerblätter
1 EL Senfkörner
10 schwarze Pfefferkörner
24 Riesengarnelenschwänze
3 Knoblauchzehen
1 Bund glatte Petersilie
100 g Butter
**150 g geriebener Maas-
damer**

1. Die Karotten putzen, waschen, schälen und in Stücke schneiden. Zwiebeln schälen und vierteln. Karotten und Zwiebeln zusammen mit Lorbeerblättern, Senf- und Pfefferkörnern in 750 ml Wasser geben und das Ganze 10 Minuten kochen.

2. Inzwischen die Garnelenschwänze unter fließendem Wasser säubern. Sie in den kochenden Sud geben, aufkochen und zugedeckt 4 Minuten ziehen lassen, sie dabei nicht kochen lassen. Die Garnelenschwänze aus dem Sud heben und abkühlen lassen. Sie ausbrechen, entdärmen (S. 6), waschen und trockentupfen.

3. Den Backofen mit Grillstufe auf 220 °C erhitzen. Knoblauch schälen und durch eine Presse drücken. Die Petersilie waschen, trockentupfen und fein hacken.

4. Die Butter in einer Pfanne zerlassen. Knoblauch und Garnelenschwänze darin erhitzen, in 4 feuerfeste Portionsformen verteilen, mit Petersilie und Maasdamer bestreuen und unter dem Grill 2 bis 3 Minuten gratinieren.

Gebratene Riesengarnelen mit Sauce

■ *Für 4 Personen*

■ *Zubereitung: ca. 30 Min.*

■ *ca. 300 kcal je Portion*

ZUTATEN

24 Riesengarnelen

1 Bund Frühlingszwiebeln

2 Knoblauchzehen

Salz

1 getrocknete Chilischote

240 g Sojabohnenkeimlinge
(aus dem Glas)

4 EL Erdnußöl

2 EL Sojasauce

2 EL Honig, 3 EL Essig

150 ml Hühnerbrühe

1 TL Stärkemehl

4 EL Reiswein

1. Die Garnelen gründlich abwaschen und trockentupfen.

2. Die Frühlingszwiebeln putzen, waschen und kleinschneiden. Knoblauch schälen, zerkleinern und im Mörser zusammen mit etwas Salz verreiben. Die Chilischote zerstoßen. Die Sojabohnenkeimlinge abtropfen lassen.

3. Das Erdnußöl in einem Topf erhitzen. Die Garnelen hineingeben und unter ständigem Rühren 4 Minuten von allen Seiten braten. Die Frühlingszwiebeln dazugeben und kurz mitschwitzen, dann den Knoblauch und die Sojabohnenkeimlinge dazugeben. Die Sojasauce, den Honig und

den Essig unterrühren. Das Ganze mit der Hühnerbrühe auffüllen und mit der Chilischote würzen.

4. Das Stärkemehl zusammen mit dem Reiswein glattrühren. Die Sauce damit binden. Alles aufkochen lassen und servieren.

TIP

■ *Frische Sojabohnenkeimlinge sind leider nur schwer erhältlich. Greifen Sie gegebenenfalls auf Dosenware zurück.*

Languste auf chinesische Art

- *Für 4 Personen*
- *Zubereitung: ca. 2 Std.*
- *ca. 290 kcal je Portion*
- *Dazu paßt Reis*

Z U T A T E N

2 Langusten
1 Zwiebel
**2 l Fleischbrühe (Fertig-
produkt)**
$1/4$ l Essig
2 Lorbeerblätter
einige Nelken
2 Stangen Zimt
1 TL Anis
1 Bund Frühlingszwiebeln
1 rote Paprikaschote
2 EL Erdnußöl
**200 g feines Rinderhack-
fleisch**
2 EL Austernsauce
2 EL Honig
4 EL Obstessig
1 TL Salz
einige Tropfen Chiliöl
weißer Pfeffer

1. Die Langusten unter fließend kaltem Wasser abwaschen.

2. Die Zwiebel schälen. Die Brühe zusammen mit dem Essig und der Zwiebel sowie Lorbeerblättern, Nelken, Zimtstangen und Anis in einem Topf zum Kochen bringen. Die Langusten mit dem Kopf voran in den sprudelnd kochenden Sud geben, damit sie sofort getötet werden, und bei mittlerer Hitze 15 bis 20 Minuten garen.

3. Inzwischen die Frühlingszwiebeln putzen, waschen, trockentupfen und würfeln. Die Paprikaschote waschen, trockentupfen, längs halbieren, entkernen und würfeln.

4. Die Langusten aus dem Sud herausnehmen und mit einem schweren Messer halbieren. Die am Kopfende befindlichen Innereien mit einem Löffel entfernen. Das Fleisch auslösen und in Scheiben schneiden (S. 7). Die Schalen gut säubern und beiseite stellen.

5. Das Erdnußöl in einer Pfanne erhitzen und das Rinderhackfleisch darin scharf anbraten. Das Langustenfleisch dazugeben und kurz mitbraten. Die Frühlingszwiebel- und die Paprikawürfel unterrühren und ebenfalls kurz mitbraten. Die Austernsauce, den Honig und den Essig unterrühren. Das Ganze mit Salz, Chiliöl und Pfeffer abschmecken. Nun die Masse in die Langustenhälften geben und sofort servieren.

TIP

- *Dieses Gericht ist nicht ganz billig, aber für besondere Anlässe sollten Sie sich das Rezept vormerken. Für einfachere Varianten eignen sich auch ausgezeichnet Nordseekrabben, Tiefseegarnelen oder Riesengarnelenschwänze.*

Languguste mit Kräutermarinade

- Für 4 Personen
- Zubereitung: ca. 15 Min.
- ca. 230 kcal je Portion
- Dazu paßt frisches Baguette

ZUTATEN:

2 gekochte Langusten (à ca. 600 g)
1 Knoblauchzehe
1 Frühlingszwiebel
je ¹/₂ Bund glatte Petersilie, Dill und Schnittlauch
5 EL Öl
Saft von 1 Zitrone
Salz
weißer Pfeffer
Zucker

1. Die Langusten im Fischgeschäft halbieren lassen oder mit einem scharfen Messer längs durchschneiden. Die am Kopfende befindlichen Innereien vorsichtig herausnehmen (S. 7) und den Darm entfernen.

2. Den Knoblauch schälen und fein hacken. Die Frühlingszwiebel putzen, waschen, trockentupfen und in dünne Ringe schneiden. Die Kräuter waschen und trockentupfen, etwas Petersilie zum Garnieren beiseite legen. Die restliche Petersilie sowie den Dill fein hacken. Den Schnittlauch in Röllchen schneiden.

3. Für die Marinade das Öl und den Zitronensaft miteinander verrühren. Die Knoblauch- und Zwiebelstückchen sowie die Kräuter dazugeben und das Ganze mit Salz, etwas Pfeffer und 1 Prise Zucker abschmecken.

4. Die Langustenhälften auf 4 Tellern anrichten und mit der restlichen Petersilie garnieren. Einen Teil der Marinade vor dem Servieren über die Langustenhälften gießen, die restliche Marinade in einer Sauciere extra dazureichen.

(auf dem Foto)

Scampi-Spargel-Gratin

fein

■ *Für 4 Personen*
■ *Zubereitung: ca. 1 Std.*
■ *ca. 300 kcal je Portion*
■ *Dazu paßt Reis*

Z U T A T E N

750 g weißer Spargel
750 g grüner Spargel
Salz
3 EL Butter
1 TL Zucker
250 g geschälte Scampi
4 feste Tomaten
125 g Mozzarella
2 EL in feine Streifen
   geschnittene Basilikum-
   blätter
2 EL kaltgepreßtes Olivenöl
schwarzer Pfeffer
Cayennepfeffer

1. Den Spargel waschen und putzen. Die weißen Spargelstangen ganz, die grünen nur im unteren Drittel schälen.

2. Reichlich Salzwasser in einem großen Topf aufkochen, 2 Eßlöffel Butter und den Zucker dazugeben. Zuerst den weißen Spargel hineinlegen und je nach Dicke der Stangen in 8 bis 12 Minuten garen. Ihn dann herausheben und gut abtropfen lassen. Anschließend den grünen Spargel in das Kochwasser geben. Ihn ebenfalls je nach Dicke der Stangen etwa 15 Minuten garen und danach gut abtropfen lassen.

3. Den Backofen auf 220 °C vorheizen. Eine große, eckige Gratinform mit der restlichen Butter ausfetten. Abwechselnd je einige weiße und grüne Spargelstangen hineingeben.

4. Die Scampi entdärmen, in einem Sieb mit kaltem Wasser abbrausen und gut abtropfen lassen. Die Tomaten waschen, von den Stielansätzen befreien und achteln. Den Mozzarella abtropfen lassen und in dünne schmale Streifen schneiden.

5. Die Tomatenspalten zwischen die Enden der Spargelstangen legen. Die Scampi und die Basilikumstreifen vermischen und gleichmäßig über den Spargel geben.

6. Die Mozzarellastreifen über die Scampi und den Spargel streuen, das Olivenöl darüberträufeln und alles mit schwarzem Pfeffer und Cayennepfeffer würzen. Die Form auf der mittleren Einschubleiste in den Ofen schieben und etwa 15 Minuten gratinieren.

(auf dem Foto)

TIPS

■ *Garen sie den Spargel nicht zu lange vor. Er sollte bißfest sein, damit er während des Überbackens nicht zu weich wird.*
■ *Wenn Sie Gäste erwarten, können Sie die vorbereiteten Zutaten bereits einige Zeit vor dem Überbacken in die Form schichten und zugedeckt in den Kühlschrank stellen. Sie müssen dann das Gratin nur noch in den Ofen schieben.*

Garnelen mit Chili

scharf-würzig

- *Für 4 Personen*
- *Zubereitung: ca. 45 Min.*
- *ca. 190 kcal je Portion*
- *Dazu passen Reisnudeln*

ZUTATEN

**500 g geschälte Riesen-
  garnelen**
3 frische rote Chilischoten
1 Knoblauchzehe
2 TL fein geriebener Ingwer
1 EL Zucker
125 ml Öl
1 EL Sojasauce
**1 EL chinesischer Reiswein
  oder trockener Sherry**

1. Die Garnelen entdärmen (S. 6), kalt abwaschen und abtropfen lassen. Die Chilischoten waschen, trockentupfen, längs halbieren, entkernen und hacken.

2. Den Knoblauch schälen, durch eine Knoblauchpresse drücken und zusammen mit den Chilistückchen, dem Ingwer und der Hälfte des Zuckers gut vermischen.

3. Das Öl in einem Wok sehr heiß werden lassen. Nacheinander jeweils einige Garnelen in das Öl geben und diese etwa 3 Minuten fritieren. Sie dann herausnehmen und auf Küchenkrepp abtropfen lassen.

4. Das Öl bis auf etwa 1 Eßlöffel abgießen. Die Chili-Ingwer-Masse in das restliche Öl geben und unter ständigem Rühren kurz braten.

5. Den restlichen Zucker, die Sojasauce und den Reiswein oder den Sherry dazugeben und das Ganze etwa 3 Minuten braten.

6. Die fritierten Garnelen daruntermischen und alles unter ständigem Rühren noch einmal erhitzen.

Scampi in feiner Tomatensauce

- *Für 4 Personen*
- *Zubereitung: ca. 25 Min.*
- *ca. 340 kcal je Portion*
- *Dazu paßt Baguette*

ZUTATEN

12 Scampi
500 g Tomaten
2 mittelgroße Zwiebeln
4 Knoblauchzehen
8 EL kaltgepreßtes Olivenöl
einige Stiele Basilikum
Salz
weißer Pfeffer
**1 unbehandelte Zitrone in
  Scheiben**

1. Die Scampi außer den Schwanzflossen ausbrechen, entdärmen, abwaschen und trockentupfen.

2. Die Tomaten kreuzweise einritzen, kurz überbrühen, abschrecken und enthäuten. Sie von den Stielansätzen befreien, entkernen und würfeln. Zwiebeln und Knoblauch schälen und würfeln.

3. 4 Eßlöffel Olivenöl erhitzen. Die Zwiebel- und Knoblauchwürfel darin andünsten. Die Tomaten dazugeben und kurz erwärmen. Das restliche Öl erhitzen und die Scampi darin auf jeder Seite jeweils etwa 2 Minuten braten.

4. Basilikum waschen und trockentupfen. Die Blätter abzupfen, ein paar beiseite stellen. Die anderen zerschneiden und zu den Tomaten geben. Die Tomatensauce und die Scampi salzen, pfeffern, zusammen anrichten und mit Zitronenscheiben und Basilikumblättern garnieren.

TIP
- *Schneiden Sie das Basilikum mit einer Schere klein, dann wird es nicht dunkel. Fügen Sie es erst im letzten Moment dazu, damit das Aroma erhalten bleibt.*

Überbackene Scampi mit Parmesankruste

- *Für 4 Personen*
- *Zubereitung: ca. 30 Min.*
- *ca. 560 kcal je Portion*

ZUTATEN

500 g geschälte, gegarte Scampi
4 EL Zitronensaft
300 g Kirschtomaten
2 Bund Frühlingszwiebeln
2 unbehandelte Limetten
4 Knoblauchzehen
150 g schwarze Oliven
Salz
weißer Pfeffer
8 EL kaltgepreßtes Olivenöl
150 g geriebener Parmesan
1–2 EL Basilikumblättchen

1. Die Scampi waschen, trockentupfen und mit Zitronensaft beträufeln.

2. Die Tomaten putzen, waschen, trockentupfen, von den Stielansätzen befreien und halbieren. Die Zwiebeln putzen, waschen, trockentupfen und in Ringe schneiden. Die Limetten gründlich waschen, trockenreiben und in dünne Scheiben schneiden. Den Knoblauch schälen und in Scheiben schneiden. Den Backofen auf 200 °C vorheizen.

3. Die Scampi zusammen mit Tomaten, Zwiebeln, Limetten, Knoblauch und Oliven vermischen und mit Salz und Pfeffer würzen. Die Mischung in 4 feuerfeste Förmchen verteilen, jeweils mit Öl beträufeln und mit Parmesan bestreuen. Das Ganze im Ofen etwa 15 Minuten backen und vor dem Servieren mit den Basilikumblättern garnieren.

TIP

- *Wenn Sie Zitronen vor dem Auspressen mehrmals unter leichtem Druck auf dem Tisch hin und her rollen, geben sie noch mehr Saft. Decken Sie angeschnittene Zitronen mit Folie ab, und verbrauchen Sie diese innerhalb von 3 Tagen.*

Überbackenes Friesensteak

- *Für 4 Personen*
- *Zubereitung: ca. 40 Min.*
- *ca. 820 kcal je Portion*
- *Dazu passen Bratkartoffeln mit Speck und Zwiebeln*

ZUTATEN

200 g Butter

2 frische Eigelbe

2 EL Weißwein

etwas Zitronensaft

Salz

weißer Pfeffer

$^1/_2$ Bund frische Brunnen-kresse

2 mittelgroße Tomaten

4 Schweinerückensteaks (à ca. 160 g)

2 EL Mehl

20 g Butterschmalz

4 Scheiben Knochen-schinken

200 g gekochte, geschälte Nordseekrabben

1. Für die Sauce hollandaise die Butter in einem Topf so lange erwärmen, bis sie klar ist. Dabei darauf achten, daß sie nicht zu heiß wird. Die Eigelbe zusammen mit dem Weißwein in eine Metall-schüssel geben und diese in ein heißes Wasserbad stellen. Die Eigelbe und den Weiß-wein mit einem Schneebesen schaumig schlagen. Die But-ter tropfenweise unter ständi-gem Schlagen dazugeben. Die Sauce hollandaise mit et-was Zitronensaft, Salz und Pfeffer abschmecken und im Wasserbad warm stellen.

2. Die Brunnenkresse wa-schen und trockentupfen. Die Blättchen abzupfen und unter die Sauce hollandaise ziehen. Die Tomaten waschen, put-zen und in Scheiben schnei-den. Die Steaks salzen, pfef-fern und in Mehl wenden. Den Backofen mit Grillstufe auf 220 °C erhitzen.

3. Das Butterschmalz in einer Pfanne erhitzen. Darin die Steaks auf jeder Seite etwa 2 Minuten braten und wieder herausnehmen. Die Schinken-scheiben im Butterschmalz kurz anbraten.

4. Die Krabben waschen und abtropfen lassen. Die Schwei-nerückensteaks auf 4 Teller geben. Sie mit den Schinken-scheiben und den Tomaten-scheiben belegen und die Krabben darübergeben. Die belegten Steaks mit der Sauce hollandaise überziehen und unter dem Grill des Backofens kurz überbacken.

- *Zu dieser herzhaften Mahlzeit paßt besonders gut ein knacki-ger gemischter Salat mit einer Zitronen-Öl-Marinade. Vermi-schen Sie dazu 3 Eßlöffel Zitro-nensaft mit frischen gehackten Kräutern (z.B. Petersilie, Schnittlauch oder Kerbel), Salz und Pfeffer. Verrühren Sie das Ganze mit 3 Eßlöffeln feinem Salatöl.*

Gebratener Reis mit Tiefseegarnelen

chinesisch

- *Für 4 Personen*
- *Zubereitung: ca. 50 Min.*
- *ca. 390 kcal je Portion*
- *Dazu paßt grüner Salat*

ZUTATEN

300 g Langkornreis

Salz

200 g Tiefseegarnelen, ersatzweise Nordseekrabben

2 Karotten

1 Bund Frühlingszwiebeln

1 Bund Schnittlauch

4 EL Erdnußöl

2 EL Sojasauce

2 EL Austernsauce

3 EL Obstessig

1 TL Zucker

3 Eier

Szetschuanpfeffer aus der Mühle

2 EL Mandelsplitter

1. Den Reis in ein Sieb geben und unter fließendem Wasser so lange spülen, bis das Wasser klar abläuft. Ihn dann in etwa 1 l leicht gesalzenes, kochendes Wasser geben und bei geringer Hitze etwa 20 Minuten quellen lassen.

2. Die Tiefseegarnelen ausbrechen und die dunklen Darmfäden entfernen (S. 6). Das Garnelenfleisch gründlich waschen und trockentupfen.

3. Die Karotten und die Frühlingszwiebeln putzen, waschen, trockentupfen und in kleine Würfel schneiden. Den Schnittlauch waschen, trockentupfen und in feine Röllchen schneiden.

4. Das Erdnußöl in einer Pfanne erhitzen. Die Karotten-, die Frühlingszwiebelwürfel und die Garnelen in das heiße Öl geben. Das Ganze von allen Seiten scharf anbraten.

5. Die Sojasauce, die Austernsauce, den Obstessig und den Zucker unterrühren. Das Ganze so lange köcheln lassen, bis die Flüssigkeit vollständig verdampft ist.

6. Die Eier schlagen und mit Salz und Pfeffer würzen. Sie in die Pfanne geben und stocken lassen, mit Stäbchen oder mit Kochlöffeln zerpflücken.

7. Den Reis in die Pfanne geben und unter ständigem Rühren erhitzen. Das Ganze mit den Schnittlauchröllchen und den Mandelsplittern bestreuen und sofort servieren.

SZETSCHUANPFEFFER

Dieser Pfeffer wird aus einer roten Beere gewonnen, die ein sehr scharfes Aroma hat. Getrockneter Szetschuanpfeffer sollte zuerst in einer Pfanne leicht geröstet werden, damit er sein Aroma auch voll entfalten kann. Die gerösteten Beeren geben Sie dann in die Pfeffermühle und, je nach Geschmack, frisch gemahlen in die Speisen.

Krabben-Reis-Pfanne

einfach

■ *Für 4 Personen*
■ *Zubereitung: ca. 50 Min.*
■ *ca. 500 kcal je Portion*
■ *Dazu paßt Tomatensalat*

ZUTATEN

**250 g Naturreis
  (z. B. von Uncle Ben's)
Salz
400 g geschälte Nordsee-
  krabben
4 EL Butter
2 Knoblauchzehen
abgeriebene Schale von ¹/₂
  unbehandelten Zitrone
weißer Pfeffer
1 Beet Kresse
¹/₂ unbehandelte Zitrone**

1. Den Naturreis nach Packungsanweisung in kochendem Salzwasser zubereiten.

2. Die Krabben von den dunklen Darmfäden befreien. Das Krabbenfleisch waschen und trockentupfen.

3. Die Butter in einer Pfanne erhitzen und die Krabben darin dünsten.

4. Die Knoblauchzehen schälen, durch eine Knoblauchpresse drücken und unter den gegarten Naturreis mischen. Diesen in die Pfanne geben. Alles unter Rühren erhitzen, mit der abgeriebenen Zitronenschale, Salz und Pfeffer würzen.

5. Die Kresse vom Beet schneiden, waschen und abtropfen lassen. Die Zitrone heiß abwaschen, gründlich trockenreiben und in Scheiben schneiden.

6. Vor dem Servieren die Kresse über die Krabben-Reis-Pfanne streuen und mit den Zitronenscheiben garnieren.

(auf dem Foto)

Garnelen-Dill-Soufflé

fein

- *Für 4 Personen*
- *Zubereitung:*
  ca. 1 Std. 15 Min.
- *ca. 310 kcal je Portion*
- *Dazu paßt ein Friseesalat*

ZUTATEN

1 kleine Zwiebel
50 g Butter
2 EL Mehl
250 ml Milch
125 ml Fischfond (Fertig-
  produkt)
200 g geschälte Tiefsee-
  garnelen
1 Bund Dill
4 Eigelb
Salz
weißer Pfeffer
Cayennepfeffer
4 Eiweiß

Außerdem
1 EL Butter für die Form
1 EL Mehl für die Form

1. Die Zwiebel schälen und in sehr feine Würfel schneiden.

2. Die Butter in einem Topf zerlassen, die Zwiebelwürfel darin glasig dünsten. Das Mehl darüberstreuen und es unter Rühren goldgelb anschwitzen. Nach und nach die Milch und den Fischfond unter ständigem Rühren dazugießen. Die Sauce einige Minuten leicht köcheln lassen.

3. Den Backofen auf 200 °C vorheizen. Eine Souffléform (22 cm ø) mit Butter gründlich ausfetten und bis zum Rand mit Mehl bestäuben.

4. Die Garnelen von den dunklen Darmfäden befreien (S. 6), kalt abwaschen, trockentupfen und sehr fein hacken. Den Dill waschen, trockenschütteln und ohne die groben Stiele fein hacken. Einen Dillstiel zum Garnieren beiseite legen.

5. Die Eigelbe unter die Sauce ziehen, diese nicht mehr kochen lassen. Die Garnelen und den Dill untermischen. Die Sauce mit Salz, Pfeffer und Cayennepfeffer kräftig abschmecken.

6. Die Eiweiße in einer Schüssel zu steifem Schnee schlagen und diesen vorsichtig unter die Sauce heben.

7. Die Masse in die Soufflé-form umfüllen. Das Soufflé auf der untersten Einschubleiste etwa 45 Minuten im Ofen backen und vor dem Servieren mit dem Dillstiel garnieren.

TIP

- *Wenn Sie Gäste mit diesem Soufflé überraschen und etwas ganz Besonderes servieren möchten, können Sie die Garnelen auch durch Krebsfleisch ersetzen. Dieses wird unter dem Namen „Crabmeat" zumeist aus Königskrabben angefertigt und ist bei uns in Dosen erhältlich. Da es nicht gerade preiswert, dafür aber sehr aromatisch ist, können Sie das Soufflé mit einer etwas geringeren Menge zubereiten.*

Marinierte Erbsen mit Garnelen

- *Für 4 Personen*
- *Zubereitung: ca. 25 Min.*
- *ca. 370 kcal je Portion*
- *Dazu paßt Reis*

ZUTATEN

4 EL Sojasauce Ketjap Manis

4 EL Reiswein oder Sherry Amontillado

3 ¹/₂ TL Zucker

Salz, weißer Pfeffer

¹/₂ TL Cayennepfeffer

500 g grüne Erbsen (frisch oder TK-Ware)

300 g geschälte Tiefseegarnelen

3 EL Maisstärke

4 EL Sojaöl

1. Die Sojasauce zusammen mit Reiswein oder Sherry, 3 Teelöffeln Zucker, Salz, Pfeffer und Cayennepfeffer zu einer Marinade verrühren.

2. Die Erbsen in leicht gesalzenem und gezuckertem Wasser kurz blanchieren. Sie dann herausnehmen, abtropfen lassen, mit der Marinade vermischen und in einer Schüssel warm stellen.

3. Die Garnelen entdärmen (S. 6), waschen und trockentupfen.

4. Die Maisstärke in einen Gefrierbeutel füllen. Die Garnelen in den Beutel dazugeben. Den Gefrierbeutel leicht aufblasen, dann verschließen und kräftig schütteln, so daß die Garnelen ganz mit der Stärke bedeckt werden.

5. Das Sojaöl erhitzen. Die Garnelen zuerst in ein Sieb schütten und die überschüssige Stärke abklopfen, sie dann kurz in dem heißen Öl auf jeder Seite braten und wieder herausnehmen.

6. Die Garnelen auf den Erbsen anrichten und sofort servieren.

Riesengarnelen in süßer Pfeffersauce

- *Für 4 Personen*
- *Zubereitung: ca. 40 Min.*
- *ca. 240 kcal je Portion*
- *Dazu paßt Baguette*

ZUTATEN

6 Frühlingszwiebeln
1 rote Paprikaschote
1 EL Sojaöl
2 EL helle Sojasauce
3 EL Honig
3 EL Tomatenmark
2 EL Reisweinessig
24 geschälte Riesen-garnelen
1 TL Maisstärke
Salz
schwarzer Pfeffer
¼ TL Sesamöl

1. Die Frühlingszwiebeln putzen, waschen, trockentupfen, in feine Ringe schneiden. Die Paprikaschote putzen, waschen und längs halbieren. Den Stielansatz entfernen, die Schote entkernen und in kleine Würfel schneiden.

2. Das Sojaöl in einem Topf stark erhitzen. Die Zwiebelringe und die Paprikawürfel dazugeben und darin unter Rühren kurz anbraten. Das Ganze mit der Sojasauce ablöschen. Nacheinander den Honig, das Tomatenmark und den Reisweinessig dazugeben. 250 ml Wasser dazugießen und die Sauce zugedeckt etwa 20 Minuten köcheln lassen.

3. Inzwischen die Garnelen von den dunklen Darmfäden befreien (S. 6), gründlich waschen und trockentupfen.

4. Die Stärke mit etwas Wasser verrühren, in die Sauce geben und diese aufkochen lassen. Die Sauce mit Salz, Pfeffer und Sesamöl abschmecken.

5. Die Garnelen in die Sauce geben und unter Rühren heiß werden lassen. Das Ganze sofort servieren.

Kreolische Spaghetti

- *Für 4 Personen*
- *Zubereitung: ca. 55 Min.*
- *ca. 200 kcal je Portion*
- *Dazu paßt Endiviensalat mit Essig-Öl-Marinade*

Z U T A T E N

2 Stangen Staudensellerie
1 Zwiebel
1 Knoblauchzehe
300 g reife Tomaten
2 EL Öl
$1/4$ TL getrockneter Rosmarin
$1/4$ TL gerebelter Oregano
$1/4$ TL getrocknetes Basilikum
Salz
schwarzer Pfeffer
Zucker
400 g extra lange Spaghetti
250 g geschälte Tiefseegarnelen
500 g Tomatenpüree (Fertigprodukt)
5 EL trockener Sherry Fino

1. Den Staudensellerie putzen, gründlich waschen, trockentupfen und in feine Scheiben schneiden. Die Zwiebel und die Knoblauchzehe jeweils schälen und fein hacken.

2. Die Tomaten über Kreuz einritzen und kurz überbrühen. Sie abschrecken, enthäuten und die Stielansätze herausschneiden. Die Tomaten vierteln, entkernen und in Würfel schneiden.

3. Das Öl in einem Topf erhitzen. Selleriescheiben, Zwiebel- und Knoblauchwürfel hineingeben und zusammen darin anbraten. Die Hitze reduzieren und die Tomatenwürfel sowie die Kräuter dazugeben. Alles verrühren und mit etwas Salz, Pfeffer und 1 Prise Zucker abschmecken. Die Sauce etwa 30 Minuten schmoren lassen, dabei den Topf zudeckt lassen.

4. Nach etwa 20 Minuten Schmorzeit 4 l Salzwasser in einem großen Topf zum Kochen bringen. Die Spaghetti in das sprudelnde Wasser geben und nach Packungsangabe in 8 bis 11 Minuten bißfest (al dente) kochen.

5. Die Garnelen von den dunklen Darmfäden befreien (S. 6), unter fließendem Wasser waschen und trockentupfen.

6. Das Tomatenpüree, den Sherry und die Garnelen in die Tomatensauce geben und diese weitere 3 bis 5 Minuten offen köcheln lassen.

7. Die Spaghetti in ein Sieb schütten, gut abtropfen lassen und sofort mit der Tomaten-Garnelen-Sauce vermischen.

- *Für besondere Anlässe können Sie die Garnelen durch die gleiche Menge in Stücke geschnittenes Crabmeat (S. 68) ersetzen.*
- *Noch fruchtiger schmeckt die Sauce, wenn Sie 100 g ungesüßte Ananasstücke aus der Dose dazugeben.*

Garnelencurry mit Kokossahne

indisch

- *Für 4 Personen*
- *Zubereitung: ca. 45 Min.*
- *ca. 490 kcal je Portion*
- *Dazu paßt gedämpfter Reis*

ZUTATEN

16–20 Tiefseegarnelen
3–4 EL Weißwein- oder
  Apfelessig
evtl. Salz
1 Zwiebel
30 g frischer Ingwer
4 Knoblauchzehen
2–3 EL Öl
1 TL Korianderpulver
1 TL gemahlener Kreuz-
  kümmel
$^{1}/_{2}$ TL Cayennepfeffer
$^{1}/_{2}$ TL schwarzer Pfeffer
500 ml Kokossahne
etwas Koriandergrün

1. Die Garnelen ausbrechen, entdärmen (S. 6), waschen und trockentupfen. Den Essig eventuell mit etwas Salz vermischen. Die Garnelen im Essig etwa 10 Minuten marinieren. Sie danach mit Küchenkrepp abtupfen.

2. Die Zwiebel und den Ingwer schälen und fein würfeln. Den Knoblauch schälen und durch eine Presse drücken.

3. 1 Eßlöffel Öl in einem Wok erhitzen. Darin die Zwiebeln und den Ingwer goldbraun braten. Den Knoblauch hinzufügen und unter Rühren etwa 2 Minuten mitbraten. Die Gewürze dazugeben und ebenfalls kurz braten. Das Ganze mit Kokossahne ablöschen und etwa 20 Minuten cremig einköcheln lassen.

4. Das Koriandergrün waschen und trockentupfen. In einer Pfanne das restliche Öl erhitzen und die Garnelen darin auf jeder Seite 2 bis 3 Minuten braten, dann abtropfen lassen und in die Sauce geben. Alles noch etwa 1 Minute ziehen lassen und mit Koriandergrün bestreuen.

KOKOSSAHNE

Kokossahne ist bei uns auch unter den Bezeichnungen Kokoscreme, Kokospaste oder Kokosmilch erhältlich. Sie sollte eine cremige Konsistenz haben und nicht gesüßt sein. Kokossahne wird hauptsächlich für Suppen, Saucen und zum Aromatisieren von Gerichten verwendet. Sie können Kokossahne auch selbst herstellen: Halbieren Sie dazu eine frische Kokosnuß, und kratzen Sie das weiße Fruchtfleisch heraus. Pürieren Sie das Kokosfleisch zusammen mit der gleichen Menge kochendem Wasser in einem Mixer, und streichen Sie das Püree durch ein Sieb. Dann lassen Sie es etwa 20 Minuten ziehen, bis sich am Gefäßboden die dünnflüssige Milch abgesetzt hat. Schöpfen Sie die „Sahne" ab. Die dünnflüssige Milch können Sie zum Verdünnen der Sahne oder zum Aromatisieren von Gerichten verwenden. Am besten stellen Sie Kokossahne auf Vorrat her. Frieren Sie die Sahne portionsweise ein.

Garnelen-Tomaten-Topf mit Rösticks

- *Für 4 Personen*
- *Zubereitung: ca. 30 Min.*
- *ca. 400 kcal je Portion*
- *Dazu paßt grüner Salat*

ZUTATEN

1 Packung McCain 1-2-3 Rösticks (à 450 g)
5 Tomaten
5 Knoblauchzehen
16 Riesengarnelen
3 EL kaltgepreßtes Olivenöl
$1/2$ EL Basilikumblätter
$1/2$ EL gehackte Oreganoblätter
Salz
weißer Pfeffer

1. Die Rösticks nach Packungsanweisung im Backofen zubereiten.

2. Die Tomaten über Kreuz einritzen, kurz überbrühen, abschrecken und enthäuten. Sie von den Stielansätzen befreien, entkernen und achteln. Die Knoblauchzehen schälen und fein würfeln.

3. Die Garnelen waschen und trockentupfen. 1 $1/2$ Eßlöffel Öl in einem Topf erhitzen. 8 Garnelen und die Hälfte des Knoblauchs dazugeben. Die Garnelen bei mittlerer Hitze etwa 3 Minuten von jeder Seite dünsten. Sie dann herausnehmen und warm stellen. Das restliche Öl in den Topf füllen, erhitzen, den restlichen Knoblauch und die weiteren 8 Garnelen dazugeben. Sie ebenfalls von jeder Seite etwa 3 Minuten dünsten, herausnehmen und warm stellen.

4. Das Basilikum zuschneiden. Tomaten, Basilikum und Oregano im Fond erhitzen, salzen und pfeffern. Die Tomaten über die Garnelen verteilen und auf einem Rechaud zu den Rösticks servieren.

(auf dem Foto)

Garnelenspieße mit Mango-Sauce

■ *Für 4 Personen*
■ *Zubereitung:*
   ca. 1 Std. 15 Min.
■ *ca. 270 kcal je Portion*

ZUTATEN

2 rote Paprikaschoten
1 große Mango
2 kleine Zwiebeln
100 ml Weißweinessig
3 TL Zucker
$1/2$ TL Currypulver
Salz, Tabascosauce
2 Gewürznelken
12 Riesengarnelen
40 g Pekannüsse
1 unbehandelte Zitrone
3 EL kaltgepreßtes Olivenöl
weißer Pfeffer

1. Die Paprikaschoten putzen, waschen, trockentupfen, entkernen und würfeln. Die Mango schälen und würfeln. Zwiebeln schälen und hakken. Alles zusammen mit dem Essig, Zucker und 200 ml Wasser etwa 30 Minuten bei mittlerer Hitze zu einer Sauce kochen und mit Currypulver, Salz, Tabascosauce und Nelken würzen.

2. Die Garnelen bis auf die Schwanzflossen ausbrechen, entdärmen (S. 6), waschen und trockentupfen. Die Sauce kurz mit dem Pürierstab eines Handrührgeräts pürieren, abschmecken und abkühlen lassen. Die Nüsse hacken und

darüberstreuen. Die Zitrone waschen, trockenreiben und in Scheiben schneiden.

3. Das Öl erhitzen. Die Garnelen darin etwa 4 Minuten auf jeder Seite braten, salzen und pfeffern. Die Garnelen zusammen mit den Zitronenscheiben auf Spieße stecken und mit der Sauce servieren.

■ *Sie können die Pekannüsse auch durch Walnüsse ersetzen.*
■ *Garnieren Sie die Spieße zusätzlich mit einigen Zitronenmelisseblättern.*

Garnelen in Olivensauce auf Tagliatelle

- *Für 4 Personen*
- *Zubereitung: ca. 20 Min.*
- *ca. 810 kcal je Portion*

ZUTATEN

300 g grüne Tagliatelle (Bandnudeln)

Salz

4 EL Öl

8 Riesengarnelen

2 Knoblauchzehen

2 mittelgroße Zwiebeln

4 EL grüne, mit Paprikapaste gefüllte Oliven

weißer Pfeffer

250 ml Weißwein

400 g süße Sahne

3–4 EL heller Saucenbinder

1. Die Nudeln nach Packungsanleitung in reichlich kochendem Salzwasser etwa 8 Minuten garen. In das Salzwasser 1 Eßlöffel Öl geben.

2. Die Garnelen bis auf die Schwanzflossen ausbrechen. Sie entdärmen (S. 6), waschen und trockentupfen.

3. Knoblauch und Zwiebeln schälen und fein hacken. Die Oliven längs halbieren.

4. 3 Eßlöffel Öl in einer Pfanne erhitzen. Die Garnelen darin von beiden Seiten goldbraun anbraten, mit Salz und Pfeffer würzen und wieder herausnehmen. Die Knoblauch-, Zwiebel- und Oliven-stückchen im Bratfond andünsten, mit Wein ablöschen. Das Ganze etwa 3 Minuten bei starker Hitze einkochen lassen. Die Sahne unterrühren. Den Saucenbinder einstreuen, alles aufkochen lassen und nochmals mit Salz und Pfeffer würzen. Die Nudeln zusammen mit den Garnelen und der Sauce anrichten.

- *Nehmen Sie zum Kochen einen guten, trockenen italienischen Wein, den Sie später auch als Getränk zum fertigen Gericht reichen können.*

Garnelen-Reis-Auflauf

- *Für 4 Personen*
- *Zubereitung:*
  ca. 1 Std. 15 Min.
- *ca. 810 kcal je Portion*
- *Dazu paßt Chinakohlsalat*

Z U T A T E N

**800 ml Fischfond (Fertig-
produkt, ersatzweise
Gemüsebrühe)**

400 g Langkornreis

2 zarte Lauchstangen

2 Karotten

**200 g frische Mungoboh-
nenkeime**

4 EL Öl

1 EL Currypulver

**350 g geschälte Tiefsee-
garnelen**

250 ml Milch

4 Eier

Salz

schwarzer Pfeffer

30 g Mandelstifte

1. Den Fischfond aufkochen. Den Reis hineinstreuen und zugedeckt bei geringer Hitze etwa 20 Minuten quellen lassen. Den Reis aber nicht zu weich werden lassen, sonst wird er im Auflauf matschig.

2. Inzwischen die Lauchstangen putzen, längs aufschlitzen, waschen, trockentupfen und in feine Ringe schneiden. Die Karotten putzen, waschen, schälen und in dünne Scheiben schneiden. Die Bohnenkeime abbrausen und gut abtropfen lassen.

3. 3 Eßlöffel Öl in einem großen Topf erhitzen. Das Currypulver darin unter Rühren kurz anschwitzen. Lauch und Karotten dazugeben und unter Rühren 3 Minuten leicht anbraten. Die Bohnenkeime daruntermischen, den Topf vom Herd nehmen.

4. Den Backofen auf 200 °C vorheizen. Die Garnelen entdärmen (S. 6), abspülen, abtropfen lassen und mit dem Reis vermischen.

5. Die Milch mit den Eiern verquirlen, salzen und pfeffern. Eine Auflaufform mit

1 Eßlöffel Öl ausfetten. Die Hälfte der Reismischung hineingeben. Das Gemüse darauf verteilen. Den restlichen Reis hinzufügen und glattstreichen. Die Eiermilch darübergießen und mit Mandeln bestreuen. Den Auflauf im Ofen auf der zweiten Einschubleiste von unten etwa 30 Minuten backen.

Reis ist eines der wichtigsten Grundnahrungsmittel. Weltweit gibt es mehrere hundert Reisarten, von denen heute bei uns fast 60 Sorten und Mischungen erhältlich sind. Nicht nur köstlich, sondern auch gesund ist ungeschälter, unpolierter Naturreis, der noch alle Vitamine und Mineralstoffe enthält.
Für festliche Anlässe wird gerne Wildreis (der botanisch gesehen eigentlich kein Reis ist) oder eine Langkornreis-Wildreis-Mischung serviert. Der aromatisch duftende Basmatireis paßt besonders gut zu asiatischen Spezialitäten.

Krabben-Sardinen-Pizza

- *Für 4 Personen*
- *Zubereitung: ca. 45 Min.*
- *ca. 1200 kcal je Portion*

ZUTATEN

**Pizzateig für 4 Pizzen à
 20 cm ø (Fertigprodukt)
5 EL kaltgepreßtes Olivenöl
1 EL Mehl
240 g geschälte Tomaten
 (aus der Dose)
Salz, 1 große Zwiebel
100 g getrocknete, in Olivenöl eingelegte Tomaten
200 g glasierte Krabben
je 100 g Sardinen, Oliven
50 g Silberzwiebeln
250 g Mozzarella
weißer Pfeffer**

1. Den Pizzateig nach Packungsanleitung herstellen. Daraus 4 runde Pizzaböden mit etwa 20 cm ø auswellen. 2 Backbleche mit 1 Eßlöffel Olivenöl einfetten und mit Mehl bestäuben. Die Pizzaböden vorsichtig auf die Bleche heben und die Teigränder hochziehen. Den Backofen auf 200 °C vorheizen.

2. Die Dosentomaten kleinschneiden, wieder in den Saft geben und leicht salzen. Die Zwiebel schälen und in feine Streifen schneiden. Die getrockneten Tomaten würfeln. Die Krabben abspülen und abtropfen lassen. Sardinen und Oliven halbieren. Die Silberzwiebeln abtropfen lassen. Mozzarella in dünne Scheiben schneiden.

3. Die Pizzaböden mit der Tomatenmasse bestreichen, den Zutaten belegen, leicht salzen und pfeffern, die Mozzarellascheiben darauf legen und mit insgesamt 4 Eßlöffeln Olivenöl beträufeln. Die Pizzen auf der mittleren Einschubleiste in etwa 30 Minuten knusprig backen.

Pizza mit Meeresfrüchten

pikant

■ Für 4 Personen
■ Zubereitung: ca. 45 Min.
■ ca. 1290 kcal je Portion

ZUTATEN

**Pizzateig für 4 Pizzen à
  20 cm ø (Fertigprodukt)
4 EL kaltgepreßtes Olivenöl
1 Zwiebel
2 Knoblauchzehen
240 g geschälte Tomaten
  (aus der Dose)
Salz, schwarzer Pfeffer
400 g gekochte, geschälte
  Cocktailshrimps, 150 g
  Crabmeat (Fertigprodukt
  S. 68)
je 150 g Esrom und Gouda
150 g Thunfisch in Öl
2 EL gehackter Oregano**

1. Den Teig nach Packungsanleitung herstellen. Daraus
4 runde Pizzaböden mit etwa
20 cm ø auswellen. 2 Backbleche mit 1 bis 2 Eßlöffel
Olivenöl bepinseln. Die Bö-
den auf die Bleche heben und
die Teigränder hochziehen.
Den Backofen auf 220 °C vorheizen.

2. Zwiebel schälen und in
dünne Streifen schneiden. Die
Knoblauchzehen schälen und
hacken. Tomaten kleinschneiden, wieder zurück in den
Saft geben, leicht salzen und
pfeffern. Shrimps und Krebsfleisch abtropfen lassen, Esrom und Gouda in schmale
Streifen schneiden. Vom
Thunfisch das meiste Öl ab-

gießen, ihn im restlichen Öl
zerpflücken.

3. Die Pizzaböden mit der Tomatenmasse bestreichen. Die
vorbereiteten Zutaten darauf
verteilen. Alles salzen und
pfeffern, mit den Kräutern bestreuen, den Käse darauf verteilen. Das Ganze mit dem
restlichen Öl beträufeln.

4. Die Pizzen auf der mittleren Schiene in etwa 30 Minuten knusprig backen. Die Bleche nacheinander abbacken.

Großes Krebsessen

delikat

- *Für 4 Personen*
- *Zubereitung: ca. 30 Min.*
- *ca. 520 kcal je Portion*
- *Dazu paßt Baguette*

ZUTATEN

1 Knoblauchzehe
150 g Salatmayonnaise
150 g Joghurt (3,5% Fett)
Salz
schwarzer Pfeffer
2 EL Tomatenketchup
1–2 EL Weinbrand
Cayennepfeffer
1 mittelgroße Zwiebel
¹/₂ Bund Kerbel
¹/₂ Bund Zitronenmelisse
5 EL Zitronenessig
1 EL Paniermehl
4 EL Öl
500 ml Weißwein
2 EL Senfkörner
einige Lorbeerblätter
1 Bund Dill
2 kg fertig gegarte Fluß-
krebse
2 Maiskolben (aus der Dose)
20 g Butter
1 unbehandelte Zitrone

1. Die Knoblauchzehe schälen, durch eine Knoblauchpresse drücken und zusammen mit 4 Eßlöffeln Mayonnaise sowie mit 2 Eßlöffeln Joghurt verrühren. Das Ganze mit Salz und Pfeffer würzig abschmecken.

2. Die restliche Mayonnaise und den restlichen Joghurt zusammen mit dem Tomatenketchup verrühren. Das Ganze mit Weinbrand, Salz und etwas Cayennepfeffer kräftig abschmecken.

3. Die Zwiebel schälen und fein würfeln. Kerbel und Zitronenmelisse waschen und trockentupfen. Jeweils die Blätter abzupfen und hacken. Den Zitronenessig zusammen mit den Zwiebelwürfeln, den Kräutern und dem Paniermehl gründlich verrühren. Alles mit Salz und Pfeffer würzen und das Öl darunterschlagen.

4. Für den Krebssud den Weißwein in einen großen Topf geben und ihn zusammen mit den Senfkörnern und den Lorbeerblättern aufkochen. Den Dill waschen und trockentupfen. Die Fähnchen abzupfen und in den Sud geben. Die Krebse abbürsten, dazugeben und darin etwa 5 Minuten bei mittlerer Hitze ziehen lassen.

5. Den Mais in dicke Räder schneiden. Die Butter in einer Pfanne erhitzen und die Maisräder darin kurz anbraten. Die Zitrone heiß abwaschen, trockenreiben und in Scheiben schneiden. Diese zusammen mit den Maisrädchen auf Spieße stecken. Spieße und Krebse auf einer Platte anrichten und zusammen mit den Saucen servieren.

(auf dem Foto)

TIPS

- *Die gegarten Flußkrebse können Sie beim Fischhändler vorbestellen.*
- *Sie können die Krebse auch auf skandinavische Art auf einmal in etwa 2 Liter kräftigem Fischsud garen und sie dann auf ein Bett von reichlich Dilldolden geben. Übergießen Sie sie ganz mit Sud, häufen Sie reichlich frischgehackten Dill darüber und lassen Sie sie so über Nacht ziehen. Reichen Sie dazu heißes Toastbrot, kalte Salzbutter, Aquavit und Bier.*

Flußkrebse mit Dillsauce

französisch

- *Für 4 Personen*
- *Zubereitung: ca. 40 Min.*
- *ca. 510 kcal je Portion*

ZUTATEN

48 Flußkrebse
1 dünne Stange Lauch
4 Schalotten, 2 Karotten
125 g Sellerie
2 kleine Petersilienwurzeln
100 g Butter
4 Zweige Thymian, 1 Lor-
  beerblatt, ¹/₄ TL Kümmel
400 ml Fischfond
  (Fertigprodukt)
125 ml Weißwein
100 g süße Sahne
3–4 EL frischer Dill, Salz

1. Die Krebse abbürsten. 2 l Wasser aufkochen und jeweils 12 Krebse in das sprudelnd kochende Wasser geben. Sie 3 Minuten im geschlossenen Topf kochen und mit einem Schaumlöffel herausheben.

2. Den Lauch putzen, waschen und kleinschneiden. Die Schalotten schälen und fein würfeln. Karotten, Sellerie und Petersilienwurzeln putzen, schälen, waschen und würfeln. 1 Eßlöffel Butter in einen großen Topf geben und das Gemüse zusammen darin dünsten. Den Thymian und das Lorbeerblatt zusammenbinden und zusammen mit dem Kümmel dazugeben.

Den Fond und den Wein angießen, aufkochen und die Krebse hineingeben. Den Sud im geschlossenen Topf aufkochen, vom Herd nehmen und die Krebse 5 Minuten ziehen lassen.

3. Die Sahne halbsteif schlagen. Krebse und Gemüse aus dem Sud nehmen, in eine große vorgewärmte Schüssel geben und mit etwas Dill bestreuen.

4. Die restliche Butter in Flöckchen in den Sud einschwenken, die Sahne unterrühren. Alles salzen, mit restlichem Dill mischen und die Sauce extra servieren.

Puten-Krabben-Fondue mit Zwiebeln

■ Für 4 Personen
■ Zubereitung: ca. 1 Std.
■ ca. 680 kcal je Portion

ZUTATEN

300 g kleine, möglichst gleich große Zwiebeln
Salz
6 EL Butter
3 EL brauner Zucker
600 g Putenbrustfilet
500 g geschälte Nordseekrabben
250 g Kirschtomaten
560 g Maiskölbchen (aus der Dose)
1 l Sesamöl

1. Die Zwiebeln schälen, in wenig Salzwasser bißfest kochen, abtropfen lassen. Die Butter in einem Topf zerlassen, etwas Salz und Zucker dazugeben. Alles unter Rühren sirupartig einkochen. Die Zwiebeln unter den Sirup rühren, bis sie ganz bedeckt sind. Alles bei schwacher Hitze noch eine Weile unter Rühren weiterkochen. Abschließend die Zwiebeln abkühlen lassen.

2. Fleisch und Krabben abspülen und trockentupfen. Das Fleisch mundgerecht würfeln. Die Tomaten waschen, trockentupfen und vierteln. Den Mais abtropfen lassen und in etwa 2 cm lange Stücke schneiden.

3. Das Öl auf 180 °C erhitzen und in einem Fonduetopf auf den heißen Rechaud stellen. Alle Zutaten anrichten und servieren. Fleisch, Krabben, Tomaten und Maiskölbchen auf Fonduegabeln spießen und im heißen Öl braten. Dazu die Zwiebeln essen.

(auf dem Foto)

Fondue mit Meeresfrüchten

- *Für 4 Personen*
- *Zubereitung: ca. 50 Min.*
- *ca. 460 kcal je Portion*
- *Dazu paßt Avocadosauce*

ZUTATEN

32 Riesengarnelen
16 hauchdünne Scheiben Speck
600 g Rotbarschfilet
400 g frische Miesmuscheln
2 Bund glatte Petersilie
4 Knoblauchzehen
2 unbehandelte Zitronen
1 l Maiskeimöl

1. Die Garnelen schälen und entdärmen (S. 6). Das Garnelenfleisch unter fließendem Wasser abwaschen und trockentupfen. Die Speckscheiben halbieren und um die Garnelen wickeln.

2. Das Rotbarschfilet unter fließend kaltem Wasser abspülen, sorgfältig trockentupfen und in mundgerechte Würfel schneiden.

3. Die Muscheln waschen und abbürsten. Die Bärte mit den Fingern herausziehen und wegwerfen. Dann reichlich Wasser in einem Topf zum Kochen bringen. Die Muscheln hineingeben und so lange kochen lassen, bis sich die Schalen öffnen. Ungeöffnete Muscheln bitte unbedingt wegwerfen, denn sie sind ungenießbar. Danach das Muschelfleisch aus den Schalen herauslösen und zusammen mit den Garnelen und den Rotbarschwürfeln auf einer Platte oder 4 Portionstellern anrichten.

4. Die Petersilie waschen, trockentupfen, sehr fein hacken und in eine Schüssel geben. Den Knoblauch schälen und durch eine Knoblauchpresse zur Petersilie pressen. Beides sorgfältig miteinander vermischen. Die Zitronen waschen, trockenreiben und vierteln. Die Petersilienpaste und Zitronenviertel auf 4 Schälchen verteilen.

4. Das Öl in einem Fonduetopf auf dem Herd erhitzen und dann auf den heißen Rechaud stellen. Die Meeresfrüchte und die Schälchen auf dem Tisch anrichten.

5. Je 1 Fischstück oder 1 Meeresfrucht auf eine Fonduegabel stecken und im siedenden Öl garen. Dann die Zutat in die Petersilienpaste tunken und mit Zitronensaft beträufeln.

Riesengarnelen mit Zucchini und Litschis

aus dem Wok

- *Für 4 Personen*
- *Zubereitung: ca. 40 Min.*
- *ca. 330 kcal je Portion*

ZUTATEN

12 Riesengarnelen
Salz, weißer Pfeffer
1 EL Sojasauce
2 EL Speisestärke
200 g Zucchini
1 Frühlingszwiebel, 12 Lit-
  schis, 4 Knoblauchzehen
6 EL Erdnußöl
2 rote Chilischoten
150 g Kokossahne (S. 74)
3 EL gehackter Koriander
1 EL grüne Currypaste
1 TL Fischsauce

1. Die Garnelen ausbrechen, entdärmen (S. 6), waschen, trockentupfen, salzen, pfeffern, mit Sojasauce beträufeln und in Stärke wenden.

2. Das Gemüse putzen und waschen. Die Zucchini würfeln, die Zwiebel kleinschneiden. Die Litschis schälen, halbieren, entkernen. Den Knoblauch schälen und kleinschneiden.

3. Einen Wok zweimal mit je 1 Eßlöffel erhitztem Öl ausschwenken und es wieder abgießen. Etwas Öl im Wok erhitzen, die Garnelen darin 1 Minute braten. Knoblauch und Chili hinzufügen, nach 10 Sekunden Zucchiniwürfel,

Zwiebelstücke und Litschis. Alles 1 Minute braten und dann herausnehmen. Den Wok säubern, die Kokossahne hineingeben und ungefähr 1 $1/2$ Minuten sämig kochen lassen. Koriander, Currypaste und Fischsauce hineinrühren, alles salzen und pfeffern. Garnelen und Gemüse ohne Chilischoten in der Sauce noch einmal kurz erhitzen.

TIP

- *Beachten Sie, daß kleine Chilischoten schärfer sind als große. Je länger sie mitgaren, desto schärfer wird das Gericht. Die Schoten nicht verzehren!*

Riesengarnelen mit schwarzen Nüssen

■ *Für 4 Personen*
■ *Zubereitung: ca. 45 Min.*
■ *ca. 340 kcal je Portion*

ZUTATEN

12 Riesengarnelen
Salz, schwarzer Pfeffer
Saft von 1 Zitrone
3 EL Speisestärke
12 eingelegte schwarze
  Walnüsse mit Saft
1 Stange Lauch
1 Bund Knoblauchgras
100 g Bambussprossen
6 EL Erdnußöl
4 Zitronenblätter
125 ml Hühnerbrühe
1 EL Sojasauce

1. Die Garnelen ausbrechen, entdärmen (S. 6), waschen, trockentupfen. Sie salzen, pfeffern, mit Zitronensaft beträufeln und in 2 Eßlöffeln Stärke wenden.

2. Die Nüsse abtropfen lassen, dabei den Saft auffangen. Sie halbieren und mit 1 Eßlöffel Stärke bestäuben. Den Lauch putzen, waschen und in Ringe schneiden. Das Knoblauchgras waschen und in feine Röllchen schneiden. Die Sprossen waschen, abtropfen lassen und kleinschneiden.

3. Einen Wok zweimal mit je 1 Eßlöffel erhitztem Erdnußöl ausschwenken und es wieder abgießen. Das restliche Öl im Wok erhitzen, die Garnelen darin etwa $1/2$ Minute braten und wieder herausnehmen.

4. Lauch, Nüsse, Sprossen und Zitronenblätter im Wok kurz anbraten und alles mit der Brühe ablöschen. Nach etwa 1 Minute den Walnußsaft dazugeben und das Ganze aufkochen. Die Garnelen darin etwa 1 Minute erwärmen, das Knoblauchgras hineinrühren und alles mit der Sojasauce abschmecken.

Marinierte Riesengarnelen vom Grill

- *Für 4 Personen*
- *Zubereitung: ca. 35 Min. (plus 1 Std. Marinierzeit)*
- *ca. 300 kcal je Portion*
- *Dazu paßt ein Gemüsesalat mit Schafskäse und Baguette*

ZUTATEN

8 Riesengarnelenschwänze
1 kleine rote Chilischote
2 Knoblauchzehen
7 EL kaltgepreßtes Olivenöl
Salz
weißer Pfeffer
1 Msp. gemahlener Piment
3 TL gehackter Thymian
Saft von 1 Zitrone

1. Die Garnelenschwänze mitsamt der Schale mit einem scharfen Messer der Länge nach halbieren und die dunklen Darmfäden am Rücken mit einem kleinen Messer vorsichtig entfernen (S. 6).

2. Die Chilischote waschen, putzen, trockentupfen und der Länge nach halbieren. Die Kernchen mit einem Messer herauskratzen und die Schotenhälften sehr fein hacken. Die Knoblauchzehen schälen und durch eine Knoblauchpresse drücken.

3. Das Olivenöl zusammen mit den Chilischotenstückchen und dem Knoblauch in eine Schüssel geben und das Ganze zu einer Marinade verrühren. Diese mit Salz, Pfeffer, Piment und Thymian würzen.

4. Die Garnelenschwänze in der Marinade etwa 1 Stunde zugedeckt bei Zimmertemperatur durchziehen lassen.

5. Inzwischen den Grill vorheizen. Die Garnelen aus der Marinade nehmen und gut abtropfen lassen. Die Marinade auffangen und zum Grillen bereitstellen.

6. Die Garnelenschwänze mit den Schnittflächen nach oben in einer Alugrillschale zunächst etwa 3 Minuten grillen. Sie während des Grillens öfter mit der Marinade bestreichen. Die Garnelenschwänze wenden und nochmals etwa 1 Minute grillen.

7. Die Garnelenschwänze auf die Teller geben, mit dem Zitronensaft beträufeln und leicht salzen.

(auf dem Foto)

- *Zitronen lassen sich leichter auspressen und geben mehr Saft, wenn Sie die Früchte vor dem Auspressen auf einer harten Unterlage hin und her rollen.*

Zucchini-Garnelen-Spieß

- *Für 4 Personen*
- *Zubereitung: ca. 40 Min.*
- *ca. 430 kcal je Portion*
- *Dazu paßt gegrilltes Gemüse*

ZUTATEN

3 kleine Zucchini

2 Salbeizweige

$1/2$ dünnes Baguette (ca. 150 g)

70 g Knoblauchbutter

500 g Riesengarnelen- schwänze

20 schwarze Oliven

Salz

schwarzer Pfeffer

1. Die Zucchini waschen, putzen, trockentupfen und in etwa 1 cm dicke Scheiben schneiden. Den Salbei waschen, trockentupfen und die Blättchen abzupfen. Den Grill vorheizen.

2. Das Baguette in etwa 1 cm dicke Scheiben schneiden und diese jeweils mit etwas Knoblauchbutter bestreichen. Die restliche Knoblauchbutter bei milder Hitze schmelzen lassen.

3. Die Garnelenschwänze waschen und gut abtropfen lassen. Die Garnelenschwänze abwechselnd mit Zucchinischeiben, Salbeiblättern, Brotscheiben und Oliven auf 4 große oder 8 kleinere Spieße stecken.

4. Die Garnelenspieße mit etwas flüssiger Knoblauchbutter bestreichen, salzen und pfeffern. Sie unter häufigem Wenden etwa 8 Minuten grillen und während dieser Zeit mehrmals mit der Knoblauchbutter bestreichen.

- *Statt der Oliven können Sie auch dünne, zu Röllchen gedrehte Frühstücksspeckscheiben auf die Spieße stecken.*

Pikante Krabbenpfännchen

- *Für 4 Personen*
- *Zubereitung: ca. 30 Min.*
- *ca. 760 kcal je Portion*
- *Dazu paßt Krabbenbrot*

Z U T A T E N

1 kleine Salatgurke

2 Gewürzgurken

2 Bund Frühlingszwiebeln

2 Bund Dill

1 unbehandelte Zitrone

2 säuerliche Äpfel

2 Bananen

Saft von 1 Zitrone

500 g geschälte Nordsee-
   krabben

600 g Raclette in Scheiben

Salz

weißer Pfeffer

Currypulver

1. Die Salatgurke waschen, nach Belieben schälen und in kleine Würfel schneiden. Die Gewürzgurken abtropfen lassen und ebenfalls fein würfeln.

2. Die Frühlingszwiebeln putzen, waschen und trockentupfen. Die Frühlingszwiebeln in feine Ringe schneiden. Die Dillstiele abwaschen und gründlich trockentupfen. Etwas Dill für die Garnitur beiseite legen. Den restlichen Dill fein hacken. Die Zitrone heiß abwaschen und gut trockenreiben. Sie dann in Scheiben schneiden.

3. Die Äpfel waschen, trockentupfen und vierteln. Die Kerngehäuse entfernen und die Äpfel in mundgerechte Würfel scheiden. Die Bananen schälen und in Scheiben schneiden. Die Apfelwürfel und die Bananenscheiben jeweils mit etwas Zitronensaft beträufeln, damit sie nicht braun werden. Die Krabben entdärmen, waschen und trockentupfen.

4. Die Krabben, die Käsescheiben, die Gurken-, Frühlingszwiebel-, Apfel- und Bananenstücke sowie den ge- hackten Dill getrennt in Schüsseln oder auf Tellern anrichten. Alles mit dem beiseite gelegten Dill sowie den Zitronenscheiben garnieren und bereit stellen. Die Gewürze ebenfalls auf den Tisch stellen. Das Raclettegerät vorheizen.

5. Die Raclettepfännchen jeweils mit Krabben, Bananenscheiben, Frühlingszwiebelringen, Apfelwürfeln und wahlweise Salat- oder Gewürzgurkenstückchen füllen. Die Mischung mit Salz, Pfeffer, Currypulver und Dill würzen. Alles mit den Käsescheiben belegen und im Raclettegerät goldgelb gratinieren.

(auf dem Foto)

- *Heizen Sie das Raclettegerät am besten kurz vor dem Eintreffen der Gäste vor, so hat es bereits die richtige Temperatur erreicht, wenn die Mahlzeit am Tisch beginnt.*
- *Achten Sie besonders darauf, daß der Raclettekäse in den Pfännchen nicht verbrennt, denn er schmeckt dann bitter.*

Raclette mit Riesengarnelen

- *Für 4 Personen*
- *Zubereitung: ca. 30 Min.*
- *ca. 1270 kcal je Portion*

ZUTATEN

**800 g Riesengarnelen-
schwänze**

1 Gemüsezwiebel

1 Knoblauchzehe, Salz

200 g frische Champignons

3 EL Butter

150 ml Weißwein

2 EL Honig

Saft von 1 Zitrone

**je 1 EL Thymian, Schnitt-
lauchröllchen, gehackte
Petersilie**

weißer Pfeffer

500 g Raclette

1. Die Riesengarnelen ausbre-chen, entdärmen (S. 6), ab-waschen und trockentupfen.

2. Die Zwiebel schälen und würfeln. Knoblauch schälen und in einem Mörser zusam-men mit $1/2$ Teelöffel Salz zer-reiben. Die Champignons putzen, waschen, trocken-tupfen und halbieren. Das Raclettegerät vorheizen.

3. Die Butter erhitzen und die Zwiebelwürfel darin glasig dünsten. Die Garnelen dazu-geben und kurz anbraten. Den zerriebenen Knoblauch hinzufügen und mitdünsten. Die Champignonhälften da-zugeben. Das Ganze mit dem Wein ablöschen, 5 Minuten

garen und mit Honig, Zitro-nensaft, Kräutern, Salz und Pfeffer würzen. Den Käse in Scheiben schneiden. Riesen-garnelen, Champignons und Käsescheiben jeweils anrich-ten und auf den Tisch bereit stellen.

4. Den Käse portionsweise in die Pfännchen geben und im Raclettegerät schmelzen. Je eine Portion Garnelen zusam-men mit Champignons auf einen Teller geben und mit geschmolzenem Käse über-ziehen.

Scampi italienischer Art mit Olivenragout

- *Für 4 Personen*
- *Zubereitung: ca. 30 Min.*
- *ca. 780 kcal je Portion*

ZUTATEN

200 g entkernte schwarze Oliven

1 kleine Zwiebel

4 Knoblauchzehen

6 EL kaltgepreßtes Olivenöl

weißer Pfeffer, Salz

1 EL getrocknete italienische Kräuter

8 große gekochte Scampi

Saft von 1 Zitrone

1 EL Worcestersauce

2 EL Basilikumblätter

8 Scheiben Parmaschinken

1. Die Oliven in feine Streifen schneiden. Zwiebel schälen und hacken. Knoblauch schälen und längs vierteln.

2. In einer Pfanne 4 Eßlöffel Öl erhitzen, Zwiebel- und Knoblauchstücke darin etwa 5 Minuten andünsten. Die Oliven dazugeben und weitere 5 bis 8 Minuten mitdünsten. Das Ganze mit Pfeffer, Salz und den Kräutern würzen. Das Ragout in 4 Saucenschälchen anrichten. Den Stein erhitzen.

3. Die Scampi entdärmen (S. 6), waschen und trockentupfen. Sie mit Zitronensaft beträufeln und mit Worcestersauce, Salz und Pfeffer würzen. Das Basilikum zerschneiden und auf den Schinkenscheiben verteilen. Je 1 Scampo in 1 Scheibe einrollen und diese mit Öl bepinseln. Die Röllchen auf den erhitzen Stein legen und von jeder Seite etwa 5 Minuten braten.

TIP

- *Der Umgang mit der Steinplatte ist denkbar einfach, wenn Sie sich immer an die Gebrauchsanweisung der Hersteller halten. Üblicherweise erhitzt man die Platte auf 200 bis 220 °C. Wenn Sie sich eine Steinplatte kaufen wollen, sollten Sie ein Gerät mit umlaufender Saftrille auswählen.*

Garnelen mit Mangochutney

- *Für 4 Personen*
- *Zubereitung: ca. 45 Min.*
- *ca. 230 kcal je Portion*
- *Dazu paßt Baguette*

ZUTATEN

20 Tiefseegarnelen
Salz
schwarzer Pfeffer
Saft von 1 Zitrone
1 rote Paprikaschote
1 gelbe Paprikaschote
1 frische Mango
1 mittelgroße Zwiebel
125 ml Weißweinessig
4 EL brauner Zucker
$^1/_2$ TL Currypulver
$^1/_2$ rote Chilischote

1. Die Garnelen ausbrechen, entdärmen (S. 6), waschen, trockentupfen, salzen, pfeffern und mit Zitronensaft beträufeln.

2. Die Paprikaschoten putzen, waschen, trockentupfen, entkernen und würfeln. Die Mango schälen, putzen und würfeln. Die Zwiebel schälen und hacken.

3. Zwiebel-, Paprika- und Mangostücke in 125 ml Wasser geben. Essig, Zucker, Salz, Pfeffer und Currypulver hinzufügen und alles bei kleiner Hitze etwa 25 Minuten köcheln lassen. Die Chilischote putzen, waschen, entkernen, kleinschneiden und etwa nach der Hälfte der Kochzeit in das Chutney geben. Die Steinplatte erhitzen.

4. Die Garnelen auf dem Stein von jeder Seite etwa 3 Minuten braten und dann in lauwarmes Chutney tunken.

TIP

- *Wenn Sie scharfe Chilischoten verarbeiten, sollten Sie Küchenhandschuhe tragen oder sich danach die Hände gründlich waschen. Fassen Sie sich nicht aus Versehen an die Augen oder Lippen, denn Chili kann „höllisch" brennen.*

Rezeptverzeichnis

Im FALKEN Verlag sind viele attraktive Titel zum Thema „Essen und Trinken" erschienen. Sie erhalten sie überall dort, wo es Bücher gibt.

Dieses Buch wurde auf chlorfrei gebleichtem und säurefreiem Papier gedruckt.

ISBN 3 8068 1937 8

Umschlaggestaltung:
Rincon² Design & Produktion GmbH, Köln
Gestaltung: Horst Bachmann
Redaktion: Tanja Schindler
Umschlagfoto: Bauer Verlag, Hamburg (Rezept „Garnelen-spieße mit Mango-Sauce", S. 76)
Rezeptfotos: Bauer Verlag, Hamburg: S. 1, 2, 16, 44, 45, 55, 59, 62, 63, 65, 76, 77 und 83; **Bonduelle/Food Professionals, Sprockhövel**: S. 15; **Eschenbach Porzellan**: S. 25; **Surig-Essig-Essenz / Gabriele Fiedler PR**, Hamburg: S. 39; **Frau Antjes Feinschmeckerstudio**, Aachen: S. 56; **Koopmanns**: S. 27; **Maizena**, Heilbronn: S. 29; **McCain**: S. 26 und 75; **MÖWE-Nudeln, VMPR GmbH**, Hamburg: S. 52; **ORYZA-Reis, VMPR GmbH**, Hamburg: S. 53; **Suzi-War**: S. 37; **Thomy**: S. 23 und 51; **TLC-Foto-Studio GmbH**, Velen-Ramsdorf: S. 8/ 9; **Uncle Ben's**: S. 67; **Union Deutsche Lebensmittelwerke**, Hamburg (Livio): S. 13, 17 und 19; **FALKEN-Archiv: W. Feiler**: S. 73 und 89 / **R. Fenz**: S. 84; / **B. Harms**: S. 32, 33, 86 und 87 / **U. Kopp**: S. 21, 35, 60, 80 und 81 / **R. Schmitz**: S. 30, 61, 69, 79 und 85 / **TLC**: S. 3, 5, 6, 7, 10, 11, 20, 31, 32, 33, 40, 41, 42, 43, 46, 47, 48, 49, 57, 70, 71, 88, 91, 92 und 93
Produktion: Dr. Reitter & Partner GmbH, Vaterstetten

Satz: Dr. Reitter & Partner GmbH, Vaterstetten
Gesamtkonzeption: FALKEN Verlag,
D-65527 Niedernhausen/Ts.

817 2635 4453

Rezepte! Rezepte!! Rezepte!!!

Feta, Mozzarella & Co.
Herausgeberin: Sabine Kieslich
ISBN: 3-8068-**1939**-4

Chili, Peperoni & Co.
Autorin: Rose Marie Donhauser
ISBN: 3-8068-**1994**-7

Pizza, Quiche & Tarte
Autorinnen: Rose-Marie Donhauser,
Marlisa Szwillus
ISBN: 3-8068-**1941**-6

American Cookies
Autorin: Karlene T. Stecher
ISBN: 3-8068-**1940**-8

Alle Bände durchgehend vierfarbig, 96 Seiten, ca. 60 Farbfotos,
kartoniert, **DM 16,90.**

Der Spezialist für nützliche Bücher

Stand der Preise 1.11.1997 · Änderungen vorbehalten